इसको क्यों नहीं भेजे पापा ?

SEARCHING SUNTUR

पवन सिंह

Made with ♥ on the Notion Press Platform
www.notionpress.com

सादर समर्पित -----

शिवानी की स्व. नानीजी और मेरे समधी साहब मनोज बाबू की सासुजी - स्व. सुशीला देवी को -

जो चाहती थीं कि उनकी सबसे दुलारी शिवानी की शादी बड़े धूम-धाम से राँची में हो और वे अपनी आँखों से शिवानी को ससुराल के लिए विदा होते देखें।

क्रम-सूची

प्रस्तावना

(यशस्वी की कलम से)

जब मैं अपने जीवन की इस सबसे महत्वपूर्ण यात्रा को शब्दों में ढ़लते हुए देखता हूँ, तो मन भावनाओं के सागर में डूब-उतराने लगता है।

यह केवल मेरे विवाह की कहानी नहीं है, यह उस विश्वास, धैर्य, संस्कार और प्रेम की कथा है, जो एक परिवार की जड़ों में गहराई से रचा-बसा होता है। यह उस अदृश्य शक्ति की भी कहानी है, जो हमें अनजान रास्तों से चलाते हुए हमारी मंज़िल तक पहुँचाती है।

मेरे पापा ने इस पुस्तक के माध्यम से मेरे जीवन के उस अध्याय को सहेजने का संकल्प लिया है, जिसकी शुरुआत एक मैट्रिमोनियल वेबसाइट से होती है और जिसका समापन पारंपरिक भारतीय विवाह की पवित्र अग्नि के सात फेरों पर होता है। यह यात्रा तकनीक और परंपरा, आधुनिकता और संस्कार, तर्क और भावना—इन सबके अद्‌भुत समन्वय की कहानी है।

जब पहली बार मेरी जीवनसाथी की खोज का विचार मेरे मम्मी-पापा के मन में आया, तो यह केवल उनका एक व्यक्तिगत निर्णय नहीं था। यह पूरे परिवार की सामूहिक भावना, उम्मीदों और प्रार्थनाओं से जुड़ा हुआ था।

कई-कई मैट्रिमोनियल वेबसाइट पर पापा का मेरा प्रोफाइल बनाना, मेरे और परिवार के गुणों का उल्लेख करना, जीवन-मूल्यों को शब्दों में ढ़ालना और फिर पापा का मेरे प्रोफाइल को फाइनल करने के पहले मुझे दिखाना - कि "देखो सब ठीक है ?" सबकुछ ठीक होने के बाद भी मेरा उसमें थोड़ा कुछ जोड़ना, हटाना - यह सब मानो अपने ही व्यक्तित्व को आईने में देखने जैसा अनुभव था। फिर किसी अनजानी प्रोफाइल पर मन ठहरना, उसकी मुस्कुराहट में अपनापन ढूँढना और शब्दों के पीछे छिपी संवेदनाओं को महसूस करना—यह सब किसी अदृश्य डोर से बँधने जैसा था।

धीरे-धीरे संवाद - पहले संदेशों के माध्यम से, फिर फोन पर, और फिर वीडियो कॉल के जरिये। हर बातचीत के साथ भरोसा गहराता गया, संकोच कम होता गया और मन में एक नई उम्मीद ने जन्म लिया। व्हाट्सएप पर होने वाली छोटी-छोटी बातों में कभी हँसी होती, कभी गंभीर चर्चा, कभी भविष्य की योजनाएँ और कभी जीवन के मूल्यों पर विचार विमर्श। इन सभी पलों ने यह एहसास कराया कि रिश्ता केवल भावनाओं का नहीं, समझ और सामंजस्य का भी होता है।

परिवारों की मुलाकातें हुईं। दो परिवारों का आमने-सामने बैठकर एक-दूसरे को समझना, अपनाना - यह प्रक्रिया केवल औपचारिकता नहीं थी, बल्कि दो परिवेशों और दो सोचों के मिलने की सुंदर शुरुआत थी। दोनों तरफ के मम्मी-पापा की आँखों में अपने बच्चों के सुखद भविष्य की चमक और बड़े-बुज़ुर्गों के चेहरों पर आशीर्वाद की शांति - इन दृश्यों ने मेरे मन को गहरे तक छू लिया।

इस पुस्तक में जिस भावनात्मक गहराई और आत्मीयता के साथ इस पूरी यात्रा को शब्दों में पिरोया गया है, वह मेरे लिए गर्व और कृतज्ञता का विषय है। यह मेरे मम्मी-पापा के उस प्रेम और विश्वास का प्रमाण है, जो उन्होंने हर कदम पर मुझ पर और मेरे निर्णयों पर दिखाया। मेरे पापा द्वारा लिखी गई यह कहानी केवल घटनाओं का क्रम नहीं, बल्कि भावनाओं, मूल्यों और संस्कारों की जीवंत अभिव्यक्ति है।

पापा जब मुझे बोले कि उनकी इस पुस्तक की प्रस्तावना मुझे लिखनी है तो पहले तो मैं थोड़ा हिचकिचाया - क्योंकि मेरी ही कहानी और मैं क्या ही लिखूँ? कैसे लिखूं? कितना लिखूं? पर लिखते समय रोमांचित भी हो रहा हूँ। मन हो रहा है मम्मी-पापा की सुंतुर के बारे में लिखूँ।

मेरे बचपन के समय से ही मेरे मम्मी-पापा मुझे दुलार करते हुए अपनी काल्पनिक बहु को सुंतुर नाम से पुकारकर "सुंतुर आएगी तो ये होगा, सुंतुर आएगी तो वो होगा" - सुनाते रहते थे। अब जब मम्मी-पापा की सुंतुर मिल चुकी है तो इतना तो पक्का लगता है की सच में यही वो सुंतुर है, जिसकी बातें मैं बचपन से सुनता आ रहा हूँ।

पर सच कहूं तो "**इसको क्यों नहीं भेजे पापा?**" पापा दि ग्रेट की कहानी है - तो उनको ही लिखना चाहिए।

आने वाले चार महीनों में जब हम राँची की पावन धरती पर विवाह के मंगल उत्सव की ओर बढ़ेंगे, तब यह यात्रा अपने पूर्णत्व को प्राप्त करेगी। ढोल-बाजे की गूँज, मंत्रोच्चार की पवित्र ध्वनि, अग्नि के चारों ओर लिए गए सात फेरे और अपनों की मंगल शुभकामनाएँ—इन सबके बीच यह कहानी एक नए अध्याय में प्रवेश करेगी।

यह वह क्षण होगा, जब एक खोज, एक संवाद, एक विश्वास पर भगवान गणपति, भगवान शिव और माता पार्वती के आशीर्वाद की मुहर लग जाएगी।

मैं इस प्रस्तावना के माध्यम से दोनों तरफ के सभी परिवारजनों और उन सभी शुभचिंतकों के प्रति हृदय से आभार व्यक्त करता हूँ, जिन्होंने इस पूरी यात्रा में हमें अपना स्नेह, मार्गदर्शन और आशीर्वाद दिया।

विशेष रूप से अपने पापा के प्रति, मैं अपने को ऋणी मानता हूँ, जिन्होंने अपने अनुभव को स्मृतियों से निकालकर और इसे पुस्तक का रूप देकर, आने वाली पीढ़ियों के लिए एक धरोहर बना दिया।

थैंक यू पापा। लव यू।

यशस्वी सिंह

(दोस्तों के लिए - यश और परिवार वालों के लिए - शानु)

दिनांक : मार्च 25, 2026

भूमिका

मैं हूँ पवन सिंह। यशस्वी का पापा।

पैतृक घर - बमौरा, पोस्ट ऑफिस - विद्यापति नगर, जिला - समस्तीपुर, बिहार।

कुछ साल पहले यूको बैंक में डी जी एम पद से सेवानिवृति के बाद अभी अस्थाई तौर पर ग्रेटर नोएडा वेस्ट के चेरी काउंटी सोसाइटी में रहता हूँ।

बीच-बीच में बेटा यशस्वी के पास संगमनेर, जो महाराष्ट्र के नाशिक के पास में है, आता -जाता रहता हूँ।

छठ पूजा, गृह-कुलदेवी पूजा या अन्य किसी विशेष अवसर पर बमौरा या पटना भी नियमित रूप से आता-जाता रहता हूँ।

मेरे स्वर्गीय पिताजी बहुत अच्छा लिखते थे। गांव में जब सामाजिक स्तर पर कुछ लिखने-लिखाने की बात होती थी, तो पिताजी को विशेष रूप से याद किया जाता था। शायद वही देखते हुए कुछ लिखना - मुझे बचपन से ही अच्छा लगता है।

मेरी पहली पुस्तक "किधर चलूँ जो तुम मिलो" वर्ष 2023 में नोशन प्रेस से प्रकशित हुई थी, जो एक कविता संग्रह है। यह अमेजॉन और फ्लिपकार्ट पर भी उपलब्ध है।

"कहानी के छूटे पन्ने", "मेरे हिस्से की धूप", "ॐ सूर्याय नमः" - ये मेरी अगली प्रकाशित होने वाली तीन पुस्तकें हैं, जिसपर अभी लिखना जारी है।

"इसको क्यों नहीं भेजे पापा ?"- ये पुस्तक आपके हाथ में है।

ये एक बड़ी सी कहानी के अंदर - एक छोटी सी कहानी है, जो मैट्रिमोनियल वेबसाइट पर यशस्वी की जीवनसाथी की खोज से शुरू होती है और रांची की शिवानी और उनके पिताश्री सासाराम के मनोज बाबू के घर पर जाकर समाप्त होती है।

मैट्रिमोनियल वेबसाइट पर बेटा यशस्वी का प्रोफाइल बनाना और फिर सुंतुर सर्च की यात्रा - यह एक ऐसे अभियान की शुरुआत थी, जिसपर खुद मुझे ही भरोसा नहीं था।

इस मंच पर सुंतुर सर्च का हैंडलर मैं ही था, पर मैं यहाँ शिवानी को नहीं खोज पाया। शिवानी को खोजा है तो शानु ने ही और वह भी इसी जीवनसाथी डॉट कॉम पर।

सुंतुर सर्च, शिवानी की खोज। सुंतुर - शिवानी। कहीं आप भ्रम में तो नहीं हैं ?

वास्तव में यशस्वी के मम्मी-पापा ने यशस्वी के जन्म के पांच साल पहले यशस्वी का नाम रख लिया था - "शानु"।

बाद में यशस्वी के जन्म के पहले महीने से ही यशस्वी के मम्मी-पापा ने यशस्वी की दुल्हन का भी नाम रख लिया था - "सुंतुर"।

आज हमारी सुंतुर सर्च पूरी हो गई है और हमें शिवानी मिल गई है।

चलिए ! सुंतुर सर्च की पूरी कहानी सुनते हैं ----------

पावती (स्वीकृति)

मनोज बाबू : हमारे समधी साहब और शिवानी के पिताश्री, जिनके "हाँ" होने से ही इस रचना के शब्द और वाक्य एक कहानी बनकर एक पुस्तक के रूप में आपके हाथ में आ पाया। समधी साहब बहुत खुश हैं। आप पूछिए इनसे कि इतने खुश क्यों हैं ? फिर देखिये कि अपनी खुशी बताने में वे हमारी कितनी प्रशंसा गिना देंगे।

संजीव जी : शांत और सौम्य, चुन्नु बाबू के नाम से लोकप्रिय, मनोज बाबू के इकलौते साले साहब और शिवानी के मामाजी। वाराणसी के 18 नवम्बर 2025 वाले होटल ब्रॉडवे के एक सामान्य गेट-टूगेदर कार्यक्रम को अपने इकलौते निर्णय से रिंग सेरेमनी के एक रंगारंग उत्सव में इन्होंने ऐसा बदल के रख दिया था कि हम पटना वाले बस चमत्कृत रह गए।

प्रोफेसर साहब : मनोज बाबू के बड़े भैया में से एक, जिन्हें मनोज बाबू अत्यंत ही सम्मान देते हैं। किसी भी बैठक में यदि ये अनुपस्थित हो जाएं तो बैठक का वजन ही जैसे आधा रह जाए। और जब ये बैठक शादी-ब्याह, रीति-रिवाज को लेकर हो रही हो, तो यह सम्पूर्णता के साथ -साथ रंगारंग भी हो जाता है।

सूरज जी और बबलू जी : मनोज बाबू के दो छोटे साढ़ू भाई और शिवानी के मौसा जी। ये दोनों संयुक्ताक्षर हैं। इस धरती पर बहुत से साढ़ू भाई हैं। पर साथ में बहस है, सवाल है, जबाब है। इन दोनों में सवाल-जबाब नहीं। दोनों जब आपसे नहीं भी बात करेंगे, तो भी मुस्कुराते दिखेंगे। सुनने में आया कि शिवानी की जीवनसाथी डॉट कॉम पर हैंडलर यही बंधु थे।

शिवानी : हमारी सुंतुर और शानु की दुल्हन, जिसने 18 नवम्बर, 2025 को वाराणसी के होटल ब्रॉडवे में अपने रिंग सेरेमनी के अवसर का एक फोटो अपने व्हाट्सऐप स्टेटस पर लगाया था। इसी फोटो को मैंने इस पुस्तक की कवर फोटो के रूप में चुना। क्या आपको नहीं लगता है कि इस पुस्तक के कवर फोटो के लिए इससे अच्छा विकल्प कोई और नहीं होगा !

और अंत में - वतनराज : हमारे घर का सबसे छोटा बेटा, जिसने हमेशा की तरह इस बार भी इस पुस्तक के कवर फोटो को कवर पेज पर सेट किया, जो मेरे वश में तो नहीं था। लव यू बेटा।

आमुख

मेरे घर में तीन बेटे हैं। हमारे आँगन में कभी किसी बेटी की किलकारी नहीं गूँजी। वह स्नेह, वह लाड़-प्यार, वह ममता, जो सामान्यतः एक पिता और माता अपनी पुत्री पर न्योछावर करते हैं, हमारे हृदय में संचित ही रह गया। वह कोमल भावनाएँ, वह निस्वार्थ वात्सल्य—सब हमारे भीतर संजोए रह गए, मानो किसी शुभ घड़ी की प्रतीक्षा कर रहे हों।

ईश्वर की योजना भी कितनी सुंदर होती है। जो प्रेम किसी रूप में व्यक्त न हो सका, उसने किसी और रूप में आकार लेने का संकल्प कर रखा था। वही संचित स्नेह, वही अनकहा दुलार, वही आशीषों की अविरल धारा हमारे घर में आने वाली बहुओं के लिए सुरक्षित थी।

दिसंबर 2022 की वह शीतल लेकिन स्नेह से भरी ऋतु आज भी हमारी स्मृतियों में सजीव है, जब राजस्थान के उदयपुर सिटी में संपन्न एक डेस्टिनेशन वेडिंग में पहली बार हमारे घर के सबसे बड़े बेटे अपूर्व के जीवन में उनकी अर्धांगिनी श्रुतकृति सिंह का प्रवेश हुआ।

एक पुत्री के अभाव में जो रिक्तता कभी घर के किसी कोने में उभर आती थी, वह जुलाई 08, 2025 को अपूर्व -श्रुतकृति की बेटी और हमारे घर की अगली पीढ़ी की प्रथम बेटी - सिया के अमेरिका की धरती सिएटल पर आगमन के साथ पूर्ण होने लगी।

एक और शुभ घड़ी पुनः हमारे द्वार पर दस्तक दे रही है। अप्रैल 30, 2026 को झारखण्ड प्रदेश की राजधानी रांची की शांत, सौम्य और खूबसूरत धरती पर जब यह पुस्तक आपके लिए ऑनलाइन उपलब्ध होगी, हम हमारे घर के दूसरे बेटे यशस्वी और शिवानी के विवाह का मंगल उत्सव मना रहे होंगे।

यह केवल दो व्यक्तियों का मिलन नहीं, बल्कि दो परिवारों, दो आत्माओं और दो संस्कार-परंपराओं का पावन संगम है।

यशस्वी और शिवानी का यह बंधन केवल सामाजिक रीति से संपन्न होने वाला एक संस्कार नहीं, बल्कि एक दिव्य संयोग है, जिसमें प्रकृति के समस्त तत्व—धरती की स्थिरता, जल की निर्मलता, अग्नि की पवित्रता, वायु की गति और आकाश की अनंतता—साक्षी बनकर अपनी-अपनी ऊर्जा का आशीर्वाद प्रदान करेंगे।

हम सब की करबद्ध प्रार्थना है कि धरती, जल और आकाश की असंख्य पवित्र दैविक शक्तियाँ इन दोनों नवदंपतियों पर अपनी अनन्य कृपा-वर्षा करें। उनका दांपत्य जीवन प्रेम, विश्वास, समर्पण और पारस्परिक सम्मान से परिपूर्ण हो।

जैसे दो नदियाँ मिलकर एक विशाल प्रवाह का रूप ले लेती हैं, वैसे ही इन दोनों के विचार, भावनाएँ और संकल्प एक होकर जीवन की हर चुनौती को सरल बना दें। उनके पथ पर कभी संशय की धुंध न छाए, और यदि कभी कठिनाइयों की आँधी आए भी, तो वे दोनों एक-दूसरे का हाथ थामकर अडिग खड़े रहें।

"**इसको क्यों नहीं भेजे पापा ?**" पुस्तक में मेरे द्वारा की गई अभिव्यक्ति मेरे माता-पिता के दिए हुए मूल्यों का प्रतिफल है, और उस समाज के प्रति कृतज्ञता का भाव है जिसने मुझे दिशा दी, पहचान दी और सोचने का आधार प्रदान किया।

इस पुस्तक को यशस्वी और शिवानी के विवाह के शुभ अवसर पर प्रस्तुत करना मेरे लिए इसलिए भी विशेष है, क्योंकि यह मेरे जीवन की पीढ़ियों को जोड़ने वाला एक सेतु बन रहा है—पिछली पीढ़ी के अनुभव, वर्तमान की भावनाएँ और आने वाले समय की आशाएँ।

बहुएँ केवल घर की जिम्मेदारियाँ निभाने वाली नहीं होतीं, वे उस प्रेम की वाहक होती हैं जो पीढ़ियों से संचित होकर उनके रूप में घर में प्रवेश करती हैं। वे घर को केवल व्यवस्थित ही नहीं करतीं, बल्कि उसे भावनात्मक रूप से पूर्ण भी करती हैं।

हमारे पूरे परिवार की ओर से आप सभी सम्मानित स्वजनों, मित्रों और शुभचिंतकों को सादर नमन है। आपकी उपस्थिति केवल एक औपचारिक सहभागिता नहीं, बल्कि हमारे लिए देवतुल्य आशीर्वाद के समान है।

आप सब इस पवित्र बंधन के न केवल साक्षी बनेंगे, बल्कि अपने स्नेह, शुभकामनाओं और मंगल आशीषों से इस नवयुगल के जीवन-पथ को आलोकित करेंगे। आपका प्रत्येक शब्द, आपकी प्रत्येक मुस्कान और आपकी प्रत्येक शुभेच्छा हमारे लिए अनमोल उपहार के समान है, जिसे हम जीवन भर सहेजकर रखेंगे।

अंत में, मैं पुनः अपने हृदय की गहराइयों से यशस्वी और शिवानी के उज्ज्वल, सुखमय और मंगलमय दांपत्य जीवन की कामना करता हूँ। ईश्वर उन्हें सदैव स्वस्थ, प्रसन्न और सफल रखे। उनका घर प्रेम, शांति और सौहार्द का केंद्र बने। आप सभी की देवतुल्य शुभकामनाएँ उनके जीवन में दीपशिखा बनकर सदैव प्रकाश फैलाती रहें।

इसी मंगलकामना और कृतज्ञता के भाव के साथ, अब मैं आप सभी को इस पुस्तक की मुख्य खंड में लिए चलता हूँ, जहाँ आपके मन में चल रहे उस कौतुहल को विराम प्राप्त होगा कि ये पुस्तक लिखी क्यों गई ?

आइए ! चलते हैं ----------

अस्वीकरण

ये कहानी सच्ची घटनाओं की पुनः प्रस्तुति है। किसी भी तरह की काल्पनिक परिदृश्य इस कहानी की सजीवता और सहजता को मलिन कर सकती है, इसलिए इसे पूरी तरह मौलिक रखा गया है।

इस कहानी के सभी पात्र अपने व्यक्तिगत जीवन में बहुत ही संजीदा, सम्मानित और प्रभावशाली व्यक्तित्व के धनी हैं। ऐसा संभव है कि इनमें से कुछ को कहानी में अपनी उपस्थिति से असहजता हो। ऐसा भी संभव है कि इनमें से कुछ को लगे कि कहानी में उनकी भूमिका को कमतर दिखाया गया है या किसी अन्य की भूमिका को बढ़ा करके दिखाया गया है।

मैं उपर्युक्त सभी या कोई अन्य संभावनाओं को सीधे मन से अभी ही स्वीकार करता हूँ और मेरे उन सभी सम्मानित मित्र और भाई -बंधु से क्षमा निवेदन करता हूँ।

इस यात्रा के दौरान जिन-जिन परिवारों से हमारा संवाद हुआ, उनके प्रति हमारे मन में पूर्ण सम्मान और आदर का भाव है। हम उन सभी परिवारों के समय, विश्वास और आत्मीयता के लिए हृदय से कृतज्ञ हैं। यदि अनजाने में किसी बात से किन्ही सज्जन को असहजता या ठेस पहुँची हो, तो उसके लिए हम उनसे भी विनम्रतापूर्वक क्षमा प्रार्थी हैं।

यशस्वी और शिवानी के शुभ विवाह के इस पावन अवसर पर प्रस्तुत इनकी ही कहानी को सुनाने में मेरे शब्द से किसी के भी दिल को थोड़ी सी भी चोट पहुंचे, तो यह मेरे लेखक ज्ञान की कमी होगी।

सच में तो इस कहानी के सिर्फ दो ही पात्र हैं - दूल्हा यशस्वी और दुल्हन शिवानी। बाकी तो हम सभी या तो बाराती हैं या फिर सराती। तो चलिए ! सुनते हैं कहानी।

पवन सिंह

स्थान : चेरी काउंटी सोसाइटी, ग्रेटर नोएडा वेस्ट

दिन : शुक्रवार

तिथि : रामनवमी, 27 मार्च 2026

समय : प्रातः 9:11 बजे

कहानी के अध्याय

1

प्रारम्भ

बरसों पहले, जब मेरा और मेरी पम्मी का इकलौता बेटा यशस्वी का जन्म हुआ था, वह जगह थी - पटना के पाटलिपुत्र कॉलोनी में अवस्थित उस समय की मशहूर लेडी डॉक्टर श्री मति श्यामा शाह की क्लिनिक।

लड़का हुआ तो शानु और लड़की हुई तो मुनियाँ। ये दोनों नाम मैंने और मेरी बेटर-हाफ इला सिंह (पम्मी) ने वर्ष 1991 में हुई अपनी शादी के पहले महीने में ही तय कर लिए थे।

शानु के जन्म के दिन मैंने एक कविता लिखी। आपमें से कई इस कविता को पहले भी पढ़े हैं। आइए, पढ़िए -

शानु ! तुम आ ही गए,
छुपके, छुपाके,
मुनियाँ को छोड़ आए -
ऊँगली छुड़ा के।
थोड़ा सा डरा के -
हमें तू रुला के,
रुलाते रुलाते -
फिर हँसा ही दिए,
शानु ! तुम आ ही गए।

शानु के जन्म के पहले ही महीने से अक्सर हम दोनों शानु से लाड़-दुलार में बातें करते-करते उसकी दुल्हन का नाम रख दिए- "संुतुर"।

उससे उसकी दुल्हन "संुतुर" की बातें करके चिढ़ाया करते। वो बेचारा क्या समझे !

उस समय टी वी पर एक साबुन का विज्ञापन आता था -

कोई मॉल में एक लड़की शॉपिंग करती नजर आती है। तभी कॉलेज स्टूडेंट जैसी दिखने वाली दो लड़की उसके पास आती है , पूछती है - "एक्सक्यूज़ मी, किस कॉलेज में पढ़ती हो ?"

वो लड़की बोलती है - "कॉलेज ?---मैं ??"

तभी एक पाँच साल की छोटी बच्ची फ्रॉक पहने हुए दौड़ती हुई आती है और मम्मी कहते हुए उस लड़की से लिपट जाती है।

फिर वो लड़की बोलती है - "ऐसा ही होता है, मेरी त्वचा से मेरी उम्र का पता ही नहीं चलता।"

तब स्क्रीन पर पीले रंग के "संतूर" साबुन का विज्ञापन चलता है और साथ में एक दिल छू लेने वाली गीत -

"हल्दी और चन्दन के गुण समाए संतूर,

जीवन को कुछ और सजाये - संतूर, संतूर".......

बस, यहीं से शानु की मम्मी अपनी बहु और शानु की दुल्हन का नाम चुरा ली - "सुंतुर"। शानु की सुंतुर - सुंदर सुंतुर।

शानु बचपन से बड़ा होता गया और उसके साथ चलती रही - सुंतुर की बातें।

वर्ष 2015 में शानु के प्लस टू के बाद जब हमलोग शानु को इंजीनियरिंग की पढाई के लिए पुणे छोड़ने जा रहे थे, तो रास्ते भर नसीहत देते गए -

"बेटा ! सिर्फ पढ़ाई पर ध्यान देना, किसी लड़की वगैरह के चक्कर में मत पड़ना। हमें पता है मेरा बेटा ऐसा-वैसा नहीं है। बस ऐसे ही बोल रहा हूँ बेटा।"

और इसी बेटा से अक्सर, लगभग हर सप्ताह पूछता था - "बेटा ! सुंतुर सर्च का कुछ बताइये।"

सच तो ये है की जब शानु दसवीं और बारहवीं में स्कूल में था, उस समय भी लगभग हर दिन मैं शानु से लाड़ - दुलार में पूछता - "बेटा ! सुंतुर सर्च ?"
और शानु मुस्कुराकर जो मन में आता - बोल देता।

पम्मी भी शानु के साथ सुंतुर की खूब बातें करती थी पर_

"बेटा ! सुंतुर सर्च ?"- ये तो सिर्फ मेरा पेटेंट रहा ।

पुणे से चार साल का बैचलर ऑफ इंजीनियरिंग की डिग्री लेने के बाद शानु वर्ष 2019 में अपने मम्मी-पापा के पास मेरे बैंक के अधिकारी निवास - "यूको हाउस" कोलकाता आ गया, जहाँ मैं यूको बैंक के प्रधान कार्यालय में पदस्थापित था।

पर शानु अपने साथ बिना सुंतुर की कहानी के आया।

अपने प्लान के हिसाब से शानु को कोलकाता में हमारे साथ कुछ महीने बिताने के बाद दिल्ली शिफ्ट होना था- अपने पूर्व-निर्धारित प्रतियोगी परीक्षा की तैयारी के लिए।

पर वर्ष 2019-21 के कोरोना काल में लॉक-डाउन, भय और असमंजस ने शानु को मजबूर कर दिया और वह जुलाई 2021 तक हमलोगों के साथ कोलकाता में ही रुका रहा- दिल्ली शिफ्ट नहीं हो सका।

इसी कोरोना के माहौल में, डर और असमंजस के बीच, मेरी छोटी बहन शीला की बड़ी बेटी राखी (आयुषी) की शादी दिवाकर जी के साथ वर्ष 2020 में पटना में संपन्न हुई।

राखी और दिवाकर जी दोनों बैंक ऑफ बड़ौदा में स्केल 1 अधिकारी हैं और दोनों वर्तमान में दिल्ली में कार्यरत हैं।

अगस्त 2021 में शानु दिल्ली के पटेल नगर में एक कमरे के मकान में शिफ्ट हो गया।

जनवरी 2022 में यूको बैंक से सेवानिवृति के बाद मैं भी अपनी मैडम के साथ कोलकाता से सीधा शानु के पास ग्रेटर नोएडा वेस्ट के चेरी काउंटी सोसाइटी के एक रेंटल फ्लैट में शिफ्ट हो गया था।

हमारे चेरी काउंटी सोसाइटी से शानु का दिल्ली का मकान लगभग 30 किलोमीटर दूर है।

जब शानु को चेरी आने का मन होता तो एक घंटे में हमारे पास आ जाता था।

शानु के साथ सुंतुर सर्च की छेड़छाड़ अब मैं स्वाभाविक रूप में और गंभीरता के साथ करने लगा था। पर शानु अभी भी गंभीर नहीं था।

इस बीच दिसंबर 2022 में हमारे घर के सबसे बड़े बेटे अपूर्व की शादी हुई।

पटना के सिविल कोर्ट में कार्यरत वरिष्ठ अधिवक्ता सतीश बाबू और बनारस हिन्दू विश्वविद्यालय की पूर्व प्रोफेसर श्री मति आशा सिंह की पुत्री श्रुतकृति सिंह हमारे घर की बड़ी बहु बनी। इन दोनों की उदयपुर की डेस्टिनेशन वेडिंग की रंगारंग यादें अभी भी हमारे मन को तरंगित करती रहती हैं।

अप्रैल 01, 2023 को शानु का आइ बी पी एस से बैंक प्रोबेशनरी ऑफिसर में फाइनल चयन हुआ और इसी क्रम में उसने जून 05, 2023 को सेंट्रल बैंक ऑफ इंडिया में पद ग्रहण कर लिया।

भोपाल के सेंट्रल बैंक ऑफिसर ट्रेनिंग कॉलेज में तीन सप्ताह की ट्रेनिंग_

फिर दिल्ली में छः महीने की पोस्टिंग के बाद भोपाल में दो सप्ताह की ट्रेनिंग_

फिर रायपुर में छः महीने की दूसरी पोस्टिंग_

फिर से भोपाल में एक सप्ताह की ट्रेनिंग के बाद जून 2024 में एक साल के लिए महाराष्ट्र में नाशिक के पास संगमनेर ब्रांच में ग्रामीण पोस्टिंग_

और उसके बाद दो सप्ताह की रिफ्रेशर ट्रेनिंग'के बाद - यशस्वी इसी संगमनेर ब्रांच में अभी सहायक प्रबंधक के पद पर कार्यरत है।

जून 2026 में यशस्वी अपनी इस बैंक सेवा का संगमनेर में दो साल और सेंट्रल बैंक में तीन साल पूरा कर लेगा।

पर अभी तो कहानी 2023 में रहेगी, जब जून के महीने में यशस्वी भोपाल में सेंट्रल बैंक के ऑफिसर ट्रेनिंग कॉलेज में तीन सप्ताह की ट्रेनिंग की शुरुआत कर रहा था_

और मैंने यशस्वी के ना-नुकर के बाद भी "शादी डॉट कॉम" मैट्रिमोनियल वेबसाइट पर सुंतुर सर्च के लिए यशस्वी के प्रोफाइल का रजिस्ट्रेशन कर दिया।

****

2

प्रोफाइल

"मेरा इकलौता बेटा यशस्वी सिंह इंजीनियरिंग ग्रेजुएट है और वर्तमान में सेंट्रल बैंक ऑफ इंडिया के पुणे जोन में प्रोबेशनरी ऑफिसर के पद पर नियुक्त है। हम अपर मिडिल क्लास से मूल रूप से बिहार के रहने वाले और जॉइंट फैमिली बैकग्राउंड से हैं। समस्तीपुर जिला के हमारे पैतृक गाँव में हमारा एक सुंदर-सा घर है, अच्छी खेती की जमीन है और पटना में एक ही सोसाइटी में हम दो भाईयों का अपना दो फ्लैट भी है। मेरे पिताजी बिहार इलेक्ट्रिसिटी बोर्ड में अकाउंटेंट थे। मैं यूको बैंक से सेवानिवृत डी जी एम हूँ और वर्तमान में अपनी बेटर हाफ इला सिंह, जो पॉलिटिकल साइंस में मास्टर हैं और हाउस मेकर हैं, के साथ ग्रेटर नोएडा वेस्ट में रहता हूँ। मेरा छोटा भाई ललन सिंह, पटना में बैंक ऑफ इंडिया में मैनेजर है। मेरे छोटे भाई का बड़ा बेटा और हमारे घर का सबसे बड़ा बेटा अपूर्व सिंह, अमेरिका के सिएटल में अमेज़ॉन कंपनी में सीनियर सॉफ्टवेयर डेवलपर है और उसकी शादी वर्ष 2022 में हुई थी। उसकी जीवनसाथी और हमारे घर की सबसे बड़ी बहु श्रुतकृति सिंह, जो एक कंप्यूटर इंजीनियर है, उसके साथ सिएटल में रहती है और अमेरिका के एक बैंक में जॉब करती है। मेरे भाई का दूसरा और हमारे घर का सबसे छोटा बेटा वतन राज, चितकारा यूनिवर्सिटी, पंजाब से यूएक्स ग्राफिक डिजाइनिंग में डिग्री के बाद हैदराबाद में एक मल्टी नेशनल कंपनी में डिजिटल प्रोडक्ट डिजाइनर है। यशस्वी के नानाजी रिजर्व बैंक ऑफ इंडिया के सेवानिवृत प्रबंधक हैं और पटना के अपने निजी निवास में रहते हैं।"

ये ऊपर मैं अपनी कहानी नहीं सुना रहा हूँ। ये "शादी डॉट कॉम" मैट्रिमोनियल वेबसाइट पर यशस्वी का प्रोफाइल पृष्ठ है, जो मैंने लिखा था।

ये एकबारगी तो देखने में यशस्वी का प्रोफाइल कम और हमारे परिवार का प्रोफाइल ज्यादा दिखता था। आजकल तो लड़के के प्रोफाइल को देखकर शादियाँ तय होती हैं। परिवार की पृष्टभूमि पर तो पहले की शादियाँ हुआ करती थीं।

चूँकि हैंडलर मैं था और शानु को इस पूरी प्रकिया में कोई दिलचस्पी नहीं थी - तो जाने-अनजाने मेरी जो सोच-समझ हुई होगी, वैसा ही प्रोफाइल बन गया था।

लैपटॉप पर प्रोफाइल रजिस्ट्रेशन के बाद मेल आई डी पर नोटिफिकेशन आने लगे। जल्दी ही पता चला कि मोबाइल पर शादी डॉट कॉम का ऐप डाउनलोड कर लेना चाहिए। चलते-फिरते, उठते-बैठते मोबाइल पर नोटिफिकेशन चेक करते रहिये।

मैंने ऐप डाउनलोड कर भी लिया। अब व्हाट्सएप्प की तरह मुझे धीरे-धीरे इसकी भी आदत लगने लगी। कुछ ही दिनों में ये आदत लत में बदल गई।

अब तो हर दस मिनट पर मोबाइल में शादी डॉट कॉम ऐप पर ये चेक करने लगा कि कहीं से कोई रिश्ता आया हो।

चलिए ! पहले मैं आपको इस मैट्रिमोनियल ऐप की कार्यप्रणाली समझाता हूँ। जो अभी तक इसको खुद से प्रयोग में नहीं लाए होंगे, खासकर उनके लिए ये जानना कौतुहल से भरा होगा।

पहले तो इस तरह के वेबसाइट या ऐप पर आपका रजिस्ट्रेशन बिलकुल आसान तरीके से और बिना किसी भुगतान के फ्री में हो जाएगा। आप वर-पक्ष से हैं या वधु-पक्ष से - दोनों के अपने अलग फॉर्मेट हैं, चुन लीजिये।

अपने प्रोफाइल में आप जो भी सूचना भरते हैं - वह वास्तविक तो रहनी ही चाहिए, पर आप भाववाचक और विशेषण का प्रचूर प्रयोग करते हुए अपने प्रोफाइल को भारी-भरकम और आकर्षक दिखाने के लिए स्वतंत्र तो हैं ही।

रजिस्ट्रेशन के बाद आपको नोटिफिकेशन आना शुरू हो जाता है। मान लीजिये आपने वर-पक्ष के लिए रजिस्ट्रेशन किया है तो हर दिन लगभग बीस-पच्चीस नोटिफिकेशन आता रहेगा। ये नोटिफिकेशन ज्यादातर मैट्रिमोनियल संस्था से आएगा न कि किसी वधु-पक्ष से।

भले ही आपने अपनी प्रोफाइल भरते समय अपनी पसंदीदा वर्ग और श्रेणी वाले वधु को निर्दिष्ट किये होंगे, पर आपको उसके अलग भी वर्ग और श्रेणी वाले वधु-पक्ष के नोटिफिकेशन आते रहेंगे।

जल्दी ही आपको पता चल जाएगा कि फ्री में न ही किसी वधु-पक्ष का संदेश आपके पास आएगा, न ही आप अपने किसी पसंदीदा प्रोफाइल वाले वधु-पक्ष को अपनी इक्छा संदेश बता पाएंगे।

आप प्लान सर्च करने लगते हैं - तीन महीने वाला, छह महीने वाला या फिर एक साल।

आप सोचेंगे - तीन क्या ! एक महीने बहुत होंगे, आपके बेटे पर तो लाइन लग जाएगी - तो तीन महीने का ले लेते हैं।

तीन महीने यूँ बीत जाएंगे, पर आप जो खोज रहे हैं - वह मिलनी ही नहीं है।

उन्होंने कुछ ऐसा ही सेट कर रखा है। आपने अपनी जो पसंद अपनी प्रोफाइल पर दे रखा है, वह उनको पता है। यदि वे चाहें तो लगभग एक- जैसा मैचिंग पाँच वधु-प्रोफाइल तो आपको भेज ही सकते हैं।

पर आपको जल्दी होगी, उन्हें कोई जल्दी नहीं। आप कई-कई बार इस पैकेज का नवीनीकरण कराइये- अभी और भुगतान कीजिये।

अब तक आपके पास वे कुछ विशेष पैकज की सूचना दे दिए रहेंगे, जिसमें आपके लिए समर्पित एक एग्जीक्यूटिव अलग से होगा, आपके और वधु-पक्ष के बीच सेतु बनेगा। हाँ, थोड़ा ज्यादा फी लगेगा - वह तो आपके पास है ही, उसकी दिक्कत थोड़े ही है ?

इस बीच में एक नई बात हो जाएगी।

अचानक आपको शादी मिलाने वाले लोकल एजेंसी वालों का कॉल आना शुरू होगा।

आप चौंकेंगे - ये क्या हुआ ? बस अनुमान ही कर सकते हैं कि शायद आपके डेटा को पहले वाले ने सेल कर दिया हो।

कुछ भी है - इस लोकल पैकेज को आजमाने में क्या दिक्कत है ? चलो इसको भी भुगतान कर देते हैं।

पर यहाँ बात बननी तो दूर, बात उल्टी भी पड़ सकती है।

अब आप परेशान मत हो जाइये।

एक शादी डॉट कॉम ही है क्या ? और भी बहुत हैं - भारत मैट्रिमोनी, राजपूत मैट्रिमोनी, जीवनसाथी मैट्रिमोनी। खोजने पर और भी मिलेंगे।

दो-तीन और मैट्रिमोनी साइट पर प्रोफाइल डाल देते हैं। एक मैट्रिमोनी पर ही खोज रहे हैं, जबकि आपके लिए जो सबसे बेस्ट है - क्या पता वह किसी और मैट्रिमोनी पर हो ? ये कितना बड़ा रिस्क था - जो अब अचानक समझ में आ रहा है।

पर दो-तीन मैट्रिमोनी पर प्रोफाइल रजिस्टर करना - इसमें तो पैसे भी काफी लग जाने हैं ?

तो क्या हुआ ? बेटा की शादी है - धूमधाम से करनी है। दुल्हन चुनने में कटौती क्यों ? आखिर विकल्प भी तो ज्यादा होंगे - यदि एक डॉट कॉम के बदले तीन या चार डॉट कॉम हो।

अब तक आपको लगने लगेगा कि अति उत्साह में आप कुछ ज्यादा ही खर्च कर दिए - इस डॉट कॉम पर।

आप घर में पहले तो इसे छुपायेंगे, पर कब तक ? फिर गृह-युद्ध झेलिये।

आप अवश्य ही सोचेंगे कि आखिर ये डॉट कॉम टाइप चीज की जरुरत ही क्यों पड़ी ? लड़की वाले कहाँ चले गए - जो अभी कुछ साल पहले तक खुद चलकर लड़के वाले के घर तक आते थे ?

इसका जबाब तो आपको नहीं मिल पाएगा। हाँ, आपके पास-पड़ोस में कुछ नाम याद आ जाएंगे, जहाँ बच्चे खुद अपना जीवनसाथी तय कर लिए।

आप भी कर सकते हैं - थोड़ी प्रतीक्षा।

पर आप तो काफी दूर आ चुके हैं। पीछे लौटना और भी कठिन।

तो फिर दिल मजबूत करके आप सारे ब्रांडेड मैट्रिमोनियल डॉट कॉम पर अपना प्रोफाइल रजिस्टर कर ही देते हैं।

अब एक बात तो है, भारत के सभी समधी साहब ! चाहे जितने डॉट कॉम कर लो, चाहे जितना जोर लगा लो -
"शादी तो वहीं होगी, जहाँ होनी है जी।"

****

3

इसको क्यों नहीं भेजे पापा ?

मैंने शादी डॉट कॉम ऐप को अपने मोबाइल पर डाउनलोड कर लिया था। अब व्हाट्सएप्प की तरह मुझे धीरे-धीरे इसकी भी आदत लगने लगी थी। कुछ ही दिनों में ये आदत लत में बदल गई।

अब तो हर दस मिनट पर अपने मोबाइल में शादी डॉट कॉम ऐप पर ये चेक करने लगा कि कहीं से कोई रिश्ता आया हो।

हर दिन लगभग बीस-पच्चीस नोटिफिकेशन। पर लगभग सभी नोटिफिकेशन केवल शादी डॉट कॉम से। किसी भी वधु-पक्ष से कोई नोटिफिकेशन नहीं।

वैसे, शादी डॉट कॉम से जो भी नोटिफिकेशन आता था, उसमें किसी वधु-पक्ष का ही बायोडाटा विवरण फोटो के साथ रहता था।

पर अजीब बात ये थी कि किसी भी वधु-पक्ष प्रोफाइल की मैचिंग वैसी थी ही नहीं, जो मैंने यशस्वी के प्रोफाइल को बनाते समय किसी खास विकल्प को टिक करके चुना था।

कहानी सुनते हुए आप इस जानकारी को हमेशा याद रखिए कि यह वर्ष 2023 चल रहा था और शानु और उसकी मम्मी को इस डॉट-कॉम खोजबीन में कोई दिलचस्पी नहीं थी। मेरी मैडम तो कई-कई बार मुझसे यह भी कहती रही - "बैठा बनिया किस काम का।"

आप सोच सकते हैं—तंज कहाँ कसा जा रहा होगा ?

अब तक शादी डॉट कॉम से मुझे कॉल आने शुरू हो गए थे।

सीधी सलाह मिली - "सर ! आप एक पैकेज ले लीजिये।"

कई पैकेज थे - बेसिक, प्रो, प्रीमियम- कुछ इसी सब तरह का नाम था। उन्होंने सब के अलग-अलग फायदे भी गिना दिए।

वे कितना भी कुछ करें, आप बेसिक से ही शुरू करेंगे।

पता है क्यों ? कम बजट ?

नहीं - बजट की आपको कहाँ फिक्र ? आप बेटा के पिता हैं। आप तो बेसिक पैकेज ही लेंगे, लड़की वाले बड़ा पैकेज लें। चिंता तो लड़की के पिताजी को करनी है।

तो मैंने भी बेसिक पैकेज के लिए भुगतान कर दिया।

पैकेज लेने से एक सुविधा ये बढ़ गई थी कि अब शादी डॉट कॉम से जो भी वधु-पक्ष का रैंडम नोटिफिकेशन मेरे मोबाइल पर आता था, उसको मैं यदि चाहूँ, तो अपनी तरफ से वधु-पक्ष को इसी ऐप पर प्रस्ताव भेज सकता था - जो एक टेक्स्ट मैसेज के रूप में वधु-पक्ष के मोबाइल ऐप पर उनको दिखेगा।

इसका जबाब यदि वधु-पक्ष वाले मुझे भेजना चाहेंगे, तो केवल टेक्स्ट मैसेज से ही इसी ऐप पर भेज पाएंगे।

अब यदि उधर वाले वो सज्जन ने भी कम से कम वही बेसिक पैकेज ले रखा हो, तभी हम दोनों का मोबाइल नंबर एक दूसरे को दिखेगा।

एक मोबाइल नंबर मिल गया - इससे शादी तो नहीं तय हो जाएगी ? आप कॉल करेंगे, तो समझ में आएगा कि उधर वाले को आपमें रूचि ही न हो।

एक, दो, फिर तीन, चार करते-करते एक तिमाही पैकेज में अधिकतम बीस मोबाइल नंबर की सीमा को मैंने दो से तीन दिनों में ही पूरा कर लिया था।

ये मोबाइल नंबर ही लाटरी की टिकट जैसा है। ऐसी ही किसी एक नंबर पर किसी दिन आपके समधी साहब फाइनल हो जाएंगे।

तो जैसा मैं आपको पहले ही बता चुका हूँ कि एक तो जो मैंने यशस्वी के प्रोफाइल में विकल्प चुन रखा था, उससे मैच करता हुआ कोई नोटिफिकेशन आ नहीं रहा था और दूसरा- कि जो ही वधु-पक्ष का प्रस्ताव मिला था - उसी में से मुझे जो मन में आया, मैं अपनी तरफ से कई वधु-पक्ष वालों को अपना प्रस्ताव भेजना शुरू कर दिया।

कुछ ही दिनों में मैंने अपना बीस मोबाइल नंबर की अधिकतम सीमा को पूरा कर लिया था। अगले सप्ताह आते-आते मुझे लग गया कि ऐसे तो कुछ होने से रहा।

यहाँ पर एक अति आवश्यक जानकारी के सुने बिना आपको इस कहानी का मर्म समझ में नहीं आएगा। तो वह भी सुनिए।

यशस्वी ज्यादातर हमलोगों से दूर रहता था - रायपुर और फिर संगमनेर।

जब कभी वह एक-दो दिन के लिए छुट्टी में नोएडा आता, या फिर जब हमलोग उसके पास रायपुर या संगमनेर जाते थे, तो मैं सबसे पहले यशस्वी को जिद करके "मैट्रोमोनियल ऐप पर क्या प्रगति हुई ?"- दिखाते थे कि - "बेटा ! आधे घंटे बैठकर चर्चा करते हैं।"

तो यशस्वी तेज गति से मोबाइल स्क्रीन स्क्रॉल करता और एक मिनट में ही अपना फैसला सुना देता था - "सब ठीक है।"

यशस्वी ने कभी किसी प्रोफाइल पर अपनी असहमति जताई नहीं। न कोई पसंद, न कोई नापसंद। बस सब ठीक है।

अब मेरी मैडम की सुनिए।

कभी इन्होंने झाँकने की कोशिश नहीं की - जरा देखें - कौन है ? कैसी है ?

जब मैं इनको बुलाकर लड़की के प्रोफाइल को दिखाने की कोशिश करता, तो बड़ी मुश्किल से इनकी एक उड़ती हुई नजर फोटो पर आती और इनका एक बेपरवाह उत्तर - "ठीक है, सो-सो है।"

निष्कर्ष ये, कि तीन महीने बीत गए, पर सुंतुर मिलनी तो दूर, हमारे पास कोई संभावित तीन-चार वधु-परिवार की सूची भी नहीं थी।

और मैंने शादी डॉट कॉम की वैद्यता अवधि को न केवल फिर से तीन महीने बढ़ाने के लिए भुगतान किया, बल्कि एक साथ और तीन नए डॉट कॉम पर अपनी कमाई की गाढ़ी पूंजी लगा दी।

एक साथ चार-चार मैट्रिमोनियल डॉट कॉम पर फ्री प्रोफाइल नहीं, बल्कि भुगतान किया हुआ प्रोफाइल खोलना- वह भी एक लड़के के पिता के लिए, एक अलग ही और न समझ में आने वाला अनुभव था।

होना तो ये चाहिए था कि भारत सरकार के स्वामित्व वाली सार्वजनिक क्षेत्र के एक बैंक में सीधे पी ओ के पद पर चयनित लड़के के लिए तो ऐसे ही दस-बीस लड़की वाले मुझे चैन से रहने नहीं देते और मेरी समझ में नहीं आता कि करूँ तो क्या करूँ ?

मेरे समय में तो मेरे सरकारी जॉब में आने के पहले से ही, बल्कि हाई स्कूल पास करने के बाद से ही, पचास से सौ के करीब लड़की के पिताजी को प्रणाम करने के लिए मुझे उनके पास आना पड़ता था, जब वे मेरे घर मेरे पिताजी से मिलने आया करते थे।

तो चलिए, अब सुनते हैं - आगे क्या हुआ ?

चार मैट्रिमोनियल वेबसाइट, जिन पर मैंने यशस्वी का प्रोफाइल डाला था, वे थे -

शादी डॉट कॉम,

भारत मैट्रीमोनी,

राजपूत मैट्रीमोनी और

जीवनसाथी डॉट कॉम।

इन चार मैट्रिमोनियल डॉट कॉम पर यशस्वी की दुल्हन की खोज यात्रा में मैंने दो सौ से ज्यादा वधु-परिवार के प्रोफाइल को देखा और समझा।

लगभग पचास वधु-परिवार के साथ बातचीत भी हुई, जिनको या तो मैंने अपनी तरफ से प्रस्ताव भेजा था या फिर उनकी तरफ से मुझे प्रस्ताव आया हो।

सभी मैट्रीमोनी ऐप की कार्यप्रणाली लगभग एक जैसी ही होती है।

हर सुबह जब मैं अपने मोबाइल पर किसी एक ऐप को ऑन करता, तो उस पर एक तय सीमा, जैसे अधिकतम तीस, में वधु-परिवार का प्रोफाइल मेरे अवलोकन के लिए उपलब्ध होता था।

अगले दिन जरुरी नहीं कि तीस नए वधु-परिवार का प्रोफाइल मुझे उपलब्ध मिले। हो सकता है कुछ का दोहराव भी हो जाए।

ठीक ऐसा ही वधु-पक्ष वाले को उनके मोबाइल ऐप पर वर-पक्ष का प्रोफाइल मिलता होगा।

अब यदि मुझे किसी वधु-परिवार के प्रोफाइल में अपने परिवार के लिए कुछ समानता और संभावना दिखती है, तो या तो मैं अपनी तरफ से उन्हें अपना प्रस्ताव देने के बटन को क्लिक कर दूँ - या फिर सोचूं - "मैं तो बेटा वाला हूँ, मैं क्यों भेजूं ? थोड़ा रुक जाता हूँ - एक दो दिन, कहीं उधर से ही प्रस्ताव आ जाएगा।"

पर मैं दो दिन कहाँ रुकने वाला - बस उसी समय क्लिक और मैसेज उस पार।

अब दिन में दस बार मैं ये चेक करने लगा कि लड़की वालों ने मेरे द्वारा भेजे गए प्रस्ताव मैसेज को देखा या नहीं ?

यदि देखा, तो प्रारंभिक प्रतिक्रिया क्या मिली ?

प्रारंभिक प्रतिक्रिया के लिए डॉट कॉम वालों ने उधर वाले के पास दो विकल्प दे रखे हैं - स्वीकृत और अस्वीकृत।

वे तीसरा विकल्प भी चुन सकते हैं - "चुप लगा के बैठ जाओ।"

मैं अपना बताऊँ, तो मेरे द्वारा भेजे गए हर दस प्रस्ताव में - लड़की वालों ने एक में स्वीकृत, एक में अस्वीकृत और आठ में चुप लगा के बैठ गए।

पर मैं कहाँ चुप रहने वाला ?

इधर मैसेज भेजा और घंटे भर के अंदर, स्वीकृति आए या न आए, मेरा कॉल लड़की के प्रोफाइल में दिए नंबर पर, जो अक्सर लड़की के पिताजी के ही होते थे, चला जाता था_

"हाँ जी ! नमस्ते। मैं बोल रहा हूँ।" ....

अब चूँकि मैं प्रीमियम सदस्यता शुल्क भुगतान वाला सदस्य था, तो मेरे पास तीन महीने की समय सीमा में अधिकतम बीस वधु-पक्ष के मोबाइल नंबर की उपलब्धता थी।

ये बीस मोबाइल नंबर का मेरा कोटा एक सप्ताह में समाप्त। रिजल्ट कुछ नहीं।

चारों ऐप पर हर तीन महीने पर पैकेज का रिन्यूअल होता गया, पैसे लगते गए, पर रिश्ते का कोई अता-पता नहीं।

सच तो ये था कि कोई वधु पक्ष वाले कभी पूरी तरह व्यावहारिक होकर बात किये ही नहीं। व्यावहारिक का मेरा मतलब ये है कि डॉट कॉम पर यदि कोई परिवार का आपको लिंक मिलता है, तो आगे की बात सामने बैठकर करनी चाहिए, न कि मोबाइल पर।

मोबाइल पर आपको एक दूसरे के बारे में कुछ ज्यादा समझ नहीं बढ़ेगी। इस बीच में एक नए प्रोफाइल फोटो पर आपकी नजर जाएगी, फिर आप का मन "एक बार इसे भी देख लेते हैं" के लोभ में पहले वाले से भटक जाएगा।

कभी ऐसा भी हो सकता है कि आप दोनों पक्ष एक-दूसरे के सामने बैठे हैं, बातचीत लगभग फाइनल स्टेज में है और ठीक उसी समय आप दोनों में से किसी एक के मोबाइल ऐप पर एक नया आकर्षक प्रोफाइल दस्तक दे रहा हो।

मोबाइल तो आपके हाथ में ही रहता है। फिर हो सकता है आप "मिलते हैं फिर" कहके पहले वाले के घर से चल भी दें।

ये मोबाइल डॉट कॉम कुछ फाइनल होने नहीं देगा।

एक भागलपुर के सज्जन थे, जिनको मैंने ही अपनी ओर से प्रस्ताव भेजा था। बिटिआ एक प्राइवेट बैंक में थी और वे सज्जन बिहार सरकार में किसी प्रखंड कार्यालय में कर्मचारी थे।

जब उनकी ओर से कोई खोज-खबर नहीं आई, तो मैंने उनको कॉल लगाया, पूछा- "सर, मेरा नाम पवन सिंह है और आपने तो मेरे बेटे का प्रोफाइल विजिट किया हुआ है, पर आपकी कोई प्रतिक्रिया नहीं मिली। मैंने सोचा - मैं खुद ही आपको कॉल कर लूँ।"

सज्जन बोले - "ऐसा है कि आपका घर पटना है, जो भागलपुर से बहुत दूर हो जाता है और लड़का भी इतनी दूर पुणे में है। मैं अपनी लड़की को इतनी दूर नहीं भेज सकता।"

मैंने उन्हें याद दिलाया कि पुणे से पटना तो लोग दो घंटे में आ जाते हैं। पर उन्होंने साफ मना कर दिया।

हद तो तब हो गई, जब लगभग एक महीने बाद उन्होंने मुझे कॉल किया - "सिंह साहब ! हमलोग परिवार में विचार-विमर्श के बाद तय किये हैं कि पटना राजधानी है, बढ़िया है और पुणे भी कोई दिक्कत नहीं है।"

मेरे मुँह से बस निकल गया - "बेटा की शादी तय हो गई है।"

यशस्वी की शादी की बातचीत उस समय तय होनी तो दूर, कहीं चल भी नहीं रही थी।

एक घटना और सुनिए।

एक ऐप पर मैंने एक प्रोफाइल को अपनी ओर से प्रस्ताव भेजा। लड़की सेंट्रल बैंक में ही नार्थ बिहार में कहीं पी ओ थी। पिताजी नहीं थे। प्रोफाइल लड़की खुद ही हैंडल कर रही थी।

जिस दिन मैंने प्रस्ताव भेजा, उसी दिन मुझे उधर से स्वीकृत भी मिल गई।

मैंने अगले दिन कॉल लगाया कि आगे बातचीत बढ़ाई जाए। उधर से कॉल रिसीव ही नहीं किया गया। कई-कई दिनों तक कॉल लगाता रहा, रिंग बजता रहा, कॉल नहीं उठा।

जैसा मैंने पहले ही बताया है कि बेटा जब नोएडा आता था या जब हमलोग उसके पास जाते, तो सबसे पहले मैं अपने मोबाइल को डॉट कॉम रिव्यु के लिए उसे देता था।

तो इस बार वाले रिव्यु में, जिसमें ये सेंट्रल बैंक वाली प्रोफाइल भी शामिल थी, यशस्वी प्रोफाइल देखते हुए बोला - "पापा ! आप प्रोफाइल पढ़ते नहीं क्या ? क्या आप सिर्फ फोटो देखते और सेंड बटन दबा देते है ?"

मैंने बोला - "नहीं बेटा ! एक-एक लाइन पढता हूँ। क्या हुआ ?"

बेटा उसी पी ओ वाली लड़की की प्रोफाइल में लिखे एक लाइन को दिखा रहा था, जिसमें लिखा था - " ड्रिंक ओकेजनली।"

मैं अवाक् नजरों से बेटा को देखे जा रहा था और वह मुस्कुराए जा रहा था।

मैडम भी आ गई थी। डॉट कॉम में क्या हो रहा है - उन्होंने कभी मतलब नहीं रखा, लेकिन "ड्रिंक ओकेजनली" मैंने क्यों नहीं देखा - इस पर बबाल मचा दी।

बेटा उसी समय अपना विशेषज्ञ राय भी दे दिया - "पापाजी ! आप मेरे प्रोफाइल में ड्रिंक के सामने "नहीं" टिक किये हैं - ये तथ्य वह बाद में पढ़ी होगी और इसीलिए आपका कॉल कभी नहीं उठाई।

मेरी समझ में ये कभी नहीं आया कि बिना मिले, बिना आमने-सामने बैठकर बातें किये, कोई शादी के लिए अपने लिए उपयुक्त परिवार का चुनाव आखिर कैसे तय कर पायेगा ?

वर्ष 2025 शुरू हो चुका था। अब यशस्वी भी इस डॉट कॉम की गतिविधि पर कुछ दिलचस्पी लेने लगा था।

मेरी मैडम तो, जितनी बार डॉट कॉम के रिन्यूअल पर पैसा लगता, उतनी ज्यादा वे डॉट कॉम से चिढ़ने लगी थीं। इस सबसे खिन्न होकर, उन्होंने मेरा नया परिचय चुना - "बैठा बनिया किस काम का।"

अब तो मेरा भी डॉट कॉम से भरोसा कम हो गया था।

वास्तव में कमी डॉट कॉम में नहीं, बल्कि समस्या वर-वधु-पक्ष के नजरिये की है। डॉट कॉम का काम तो आपके लिए भावी परिवार की एक लम्बी सूची उपलब्ध करा देना है, बस।

बातें तो आपको मिलकर ही करनी है और वह भी आमने-सामने बैठकर। तब ही तो आपका निर्णय सारगर्भित और संपूर्णता से भरा होगा। चाहे वह निर्णय रिश्ता तय कर देने वाला हो, या शालीनता से एक-दूसरे से "नो थैंक्स" कह के विदा लेने जैसा हो।

तो बात हो रही थी - वर्ष 2025 शुरू हो चुका था। अब यशस्वी भी इस डॉट कॉम की गतिविधि पर कुछ दिलचस्पी लेने लगा था।

वर्ष 2025 में अप्रैल का महीना था और मैं और मेरी मैडम बेटा के पास संगमनेर आए हुए थे।

संगमनेर वाले घर पर डॉट कॉम गतिविधि के बारे में यशस्वी के साथ रिव्यु मीटिंग हुई।

वधु-परिवार के ढेर सारे अच्छे प्रोफाइल थे, बातें थी, पर रिजल्ट कुछ नहीं था।

यशस्वी मुझसे पूछा - "पापाजी ! आप बातें करते समय लड़की के पिताजी पर हावी हो जाने का प्रयास तो नहीं करते न ? - जैसे आप डी जी एम थे - ऐसा कुछ ?"

"नहीं बेटा, बिलकुल नहीं। अब मैं डी जी एम था, मम्मी एम ए की हुई है, नानाजी रिज़र्व बैंक के सेवानिवृत मैनेजर हैं, छोटे पापा बैंक ऑफ इंडिया में मैनेजर हैं, एक बेटा-बहु अमेरिका में सॉफ्टवेयर इंजीनियर है, छोटा भाई ग्राफिक डिज़ाइनर है - ये सब तो परिचय के दौरान बताना ही पड़ेगा न ?"

मेरी मैडम को मौका मिल गया - "बेटा ! पापा का किसी से बहुत गन्दी बहस हुई है - पूछो पापा से।"

बेटा चहकते हुए बोला - "मुझे लग रहा था। कुछ तो बात होगी। बताइये, बताइये पापाजी !"

मैंने बेटा को बताना शुरू किया -

एक बार मैंने अपनी आदत के अनुसार किसी वधु-प्रोफाइल को अपनी ओर से ऐप पर प्रस्ताव भेजा और उनकी और से ऐप पर स्वीकृति भी आई।

मैंने लड़की के पिताजी को कॉल लगा दिया।

बातचीत में उन्होंने बताया कि उनकी बिटिआ गवर्नमेंट सेक्टर बैंक की परीक्षा दी है, रिजल्ट आने वाला है।

मैंने पूछा - "कब परीक्षा हुई ? गवर्नमेंट सेक्टर बैंक की किसी परीक्षा का रिजल्ट आने वाला नहीं है। अभी तो परीक्षा होने वाली है।"

वे बोले - "नहीं पवन बाबू ! मेरी बेटी गवर्नमेंट बैंक पी ओ की परीक्षा दी हुई है और रिजल्ट निकलने वाला है।"

मैंने बड़े ही विनम्र स्वर में उनसे कहा - सर ! मैं बैंक में डी जी एम रह चुका हूँ। बैंक के विभागीय पदोन्नति प्रक्रिया से लेकर बैंक पी ओ, क्लर्क आदि प्रतियोगिता परीक्षा के बारे में मेरे पास अद्यतन जानकारी रहती है।"

मैंने उन्हें आगे बताया - "अभी कोई रिजल्ट आने वाला नहीं है। आप शायद कोई और परीक्षा के बारे में बता रहे होंगे।"

आप विश्वास करेंगे - वे क्या बोले ?

वे बोले - "आपके यहाँ मैं शादी नहीं करूँगा। आप पहले दिन ही लड़की के पिता पर शक कर रहे हैं। आपको क्या लगता है - मैं झूठ बोल रहा हूँ ?"

उन्होंने आगे कहा - "मुझे ऐसे घर में अपनी बेटी नहीं देनी है, जहाँ लड़के का पिता मेरे पर शक करे। आप विश्वास के योग्य नहीं हैं। रखिए फोन, आपको बात करने नहीं आता।"

इसके पहले कि मैं उनको कुछ समझा पाता, वे कॉल काट चुके थे।

बेटा मस्ती में कहानी सुनने की जिद किया था, पर क्लाइमेक्स कुछ ऐसा वीभत्स होगा- ऐसा उसने शायद सोचा नहीं होगा।

यशस्वी ने पूछा था - "पापाजी ! दिखाइए तो कौन प्रोफाइल है ?"

मैंने उसे बताया - "बेटा ! उस सज्जन ने उसी समय तुम्हारे प्रोफाइल को डिलीट कर दिया था। अब हमें पता नहीं चलेगा।"

मेरा मोबाइल, जिसमें सारे डॉट कॉम वाले ऐप थे, अब बेटा के हाथ में था।

हमेशा की तरह पूरी स्पीड में, बेटा चारों ऐप पर उपलब्ध सभी इनकमिंग और आउटगोइंग संदेश को - देख लिया, पढ़ लिया, और रिव्यु कर लिया।

अचानक उसने ऐप पर एक प्रोफाइल फोटो को स्क्रीन पर सामने लाया और मोबाइल मेरे सामने करते हुए मुझसे पूछा - "**इसको क्यों नहीं भेजे पापा ?**"

ये जीवनसाथी डॉट कॉम था।

मेरे सामने स्क्रीन पर प्रोफेशनल तरीके से पहनी, नीले कलर की प्रिंटेड साड़ी में, मुस्कुराती हुई, गोरी दिखने जैसी एक लड़की का फोटो था।

मैंने यशस्वी से अपना मोबाइल अपने हाथ में लिया और सिलसिलेवार तरीके से इस प्रोफाइल को देखना शुरू किया।

"शिवानी सिंह : बी आई टी, मेसरा, रांची से एम बी ए, संत जेवियर राँची से बायोटेक्नोलॉजी में स्नातक, दसवीं-बारहवीं की पढ़ाई - डी ए वी राँची।"

"वर्तमान में अहमदाबाद में मल्टीनेशनल कंपनी BOSCH में एच आर मैनेजर"

"मूल निवासी - सासाराम, बिहार"

"पिताजी - मनोज सिंह, बिहार सरकार में ब्लॉक एग्रीकल्चर ऑफिसर"

"माताजी - सासाराम में गवर्नमेंट हाई स्कूल में शिक्षक"

"छोटी बहन - एग्रीकल्चर ग्रेजुएट"

"छोटा भाई - एग्रीकल्चर ग्रेजुएट"

"दोनों भाई-बहन - कम्पटीशन एग्जाम की तैयारी"

मैं मन ही मन याद करने लगा। मुझे अब तक इस प्रोफाइल की बातें याद आने लगी थी।

मैंने यशस्वी से बोला - "हाँ बेटा ! यह प्रोफाइल मेरे सामने से कई बार रैंडमली गुजरा है।"

इस प्रोफाइल को न तो मैंने अपनी ओर से प्रस्ताव भेजा है और न ही उधर से कोई प्रस्ताव आया है।" - मैंने अपनी बात पूरी की।

बेटा ने पूछा - "क्यों पापा, आपको ये प्रोफाइल कैसी लगी ?"

मैं बोला - "हाँ बेटा ! बहुत अच्छी प्रोफाइल है। मैंने प्रोफाइल पढ़ा हुआ है। मुझे याद है।"

"तो फिर इसको आप अपनी ओर से क्यों नहीं भेजे ? आपकी तो आदत है अपनी ओर से प्रस्ताव भेजने की !" - बेटा के चेहरे पर चिढ़ाने वाली मुस्कान चल रही थी।

"अभी लो, मैं भेज देता हूँ" - मैंने अपने मोबाइल में जीवनसाथी डॉट कॉम ऐप के उस पेज को खोलना शुरू किया, जहाँ से शिवानी सिंह की इस प्रोफाइल पर अपनी ओर से प्रस्ताव भेजने का ऑप्शन रहता है।

"मैंने भेज दिया" - बेटा का उत्तर सामने हाजिर।

मैंने पूछा - "कब भेजे?"

"उसी समय, जब देखा, पढ़ा। जब मैंने आपसे पूछा - "इसको क्यों नहीं भेजे ?"- उसके पहले। "

उस समय तो सच में मुझे कुछ लगा नहीं था कि - "क्यों नहीं मैंने अपनी ओर से इस प्रोफाइल को प्रस्ताव भेजा था ?"

आज अभी रविवार की रात है - फरवरी 15, 2026, महाशिवरात्रि।

आज, जब मैं इस किताब के तीसरे अध्याय के इस खंड को लिख रहा हूँ, तो मुझे यह लग रहा है कि जीवनसाथी डॉट कॉम पर हमारी सुंतुर और शानु की शिवानी के लिए शादी का प्रस्ताव तो - **यशस्वी के हाथों ही जाना था।**

यह विधि का विधान था।

मुझे अपनी और मेरी पम्मी की शादी की बात याद आने लगी, जब मैं अपनी माताजी को पम्मी के मम्मी-पापा के घर भेज दिया था -

मेरी पम्मी के साथ मेरी शादी के रिश्ते के लिए।

****

4

नंदन टावर - पटना

पटना के कंकड़बाग में स्थित - नंदन टावर।

इसके कैंपस में तीन अपार्टमेंट हैं - ब्लॉक-ए, ब्लॉक-बी, और ब्लॉक-सी। ब्लॉक-ए में हमारा दो फ्लैट है - एक मेरे नाम से और दूसरा मेरा छोटा भाई, ललन(ललित) सिंह के नाम से।

मेरे नाम से जो फ्लैट है, वह मेरे यूको बैंक से वित्तपोषित। ललित के नाम से जो फ्लैट है - वह उसके बैंक ऑफ इंडिया से वित्तपोषित।

फरवरी 18, 2005 को नंदन टावर के इस दोनों फ्लैट का एक साथ गृह-प्रवेश हुआ था।

हमारे घर के तीनों बेटे - अपूर्व, यशस्वी और वतन के बचपन का काफी समय एक साथ नंदन टावर के इसी फ्लैट में बीता था।

आप सोच रहे होंगे कि शानु की सुंतुर-खोज कहानी में ये नंदन टावर कहाँ से आ गया ?

तो इसका उत्तर ये है कि "**इसको क्यों नहीं भेजे पापा ?**" की शिवानी सिंह के पिताश्री मनोज बाबू का इस फ्लैट में आगमन होने वाला है।

तो चलिए, उनको बुलाते हैं _____।

यशस्वी जब संगमनेर में जीवनसाथी डॉट कॉम पर शिवानी की फोटो दिखाते हुए मुझसे पूछा था कि "इसको क्यों नहीं भेजे ?", तो मैंने उस समय क्या सफाई दी होगी - ये हू-बहू मुझे याद नहीं।

पर इतना याद है कि बेटा की मम्मी शानु के हाथ से मोबाइल झपट ली थी। अभी मम्मी की स्कैनिंग चल ही रही थी, कि शानु पूछ बैठा था - "कैसी है मम्मी ?"

मेरी मैडम बेटा की आँखों में कुछ खोजती हुई बोल रही थी - "मेरा बेटा खुश - तो मम्मी भी खुश।"

"नहीं मम्मी ! बोलो - कैसी है ?" - बेटा जैसे सर्टिफिकेट माँग रहा हो। गोल-मटोल जबाब नहीं चाहिए उसे।

"हाँ बेटा ! प्यारी है, बहुत प्यारी है"- मम्मी का सर्टिफिकेट बेटा को मिल चुका था।

पम्मी भले ही अपनी "हाँ" अभी सुना रही थी - मैं तो उसी क्षण भगवान ब्रह्मा बन गया था - जब शिवानी सिंह की फोटो दिखाते हुए शानु मुझसे पूछा था - **"इसको क्यों नहीं भेजे पापा ?"**

अंतर्यामी शक्ति प्राप्त हो गई थी मुझे। मैं देख रहा था - "शानु अपनी संुतुर चुन लिया है - अब कुछ नहीं बदलने वाला - - - - - !"

मम्मी-बेटा शिवानी की प्रोफाइल को समझने-समझाने में लगे हुए थे और मैं अपने अंदर गहरी सोच में कुछ प्रश्नों के उत्तर खोज रहा था।

अब मैं भगवान ब्रह्मा की अंतर्यामी शक्ति से बाहर आ चुका था - अब मैं संगमनेर वाले घर के एक हॉल में बैठा हुआ था।

मेरे अंदर का "पिता" तेजी से मूल्यांकन करने लगा -

"शिवानी बिहार की है - एम बी ए की हुई है - कंपनी में एच आर मैनेजर है"-

"पिताजी बिहार गवर्नमेंट सर्विस में अधिकारी हैं - माँ सरकारी उच्च विद्यालय में शिक्षक हैं"-

"छोटा भाई गवर्नमेंट सर्विस के लिए परीक्षा की तैयारी कर रहा है - छोटी बहन एम बी ए कर रही है। एक आदर्श शिक्षित परिवार दिख रहा है।"

ये तो मुझे दिख रहा था, पर वो, जो मुझे नहीं दिखाई दे रहा था -

"क्या शिवानी सिंह हमारे घर में आएगी ? क्या वे लोग इधर से भेजे गए प्रस्ताव को स्वीकृत करेंगे ?"

"यदि करेंगे भी, तो क्या शानु-शिवानी को मिलने देंगे ? क्या शिवानी की "हाँ" होगी ? क्या शिवानी के पिताजी "हाँ " बोलेंगे ?"

"क्या उधर वाले को पता भी है - कि इधर तो सब की "हाँ" हो गई है ?"

एक लम्बी मीटिंग समाप्त हुई। यशस्वी कभी इतनी देर तक शादी की चर्चा में नहीं रहा था।

आखिरी में, यशस्वी मुझे दो सलाह दे भी डाला।

पहला - "शिवानी सिंह के यहाँ आप खुद कॉल नहीं कीजिये, उधर से कॉल आने दीजिये।" दूसरा - "डॉट कॉम पर खोज जारी रखिये।"

यशस्वी ने यदि मना नहीं किया होता, तो मैं अभी मीटिंग समाप्त होने के बाद पहला काम ये करता कि शिवानी सिंह के पिताजी को सीधे कॉल लगा देता।

"पहले आप" वाली शिष्टाचार नीति की यहाँ क्या जरुरत है भाई ? यहाँ तो मेरा काम है। फिर "पहले मैं" - सही है जी।

अगले दिन एक सीधी बात हुई। जीवनसाथी डॉट कॉम पर एक नोटिफिकेशन था - "शिवानी सिंह ने आपका प्रस्ताव स्वीकार कर लिया है।"

यहाँ एक बात स्पष्ट कर दूँ कि भले ही लड़की के पिताजी के मोबाइल नंबर से लड़की के प्रोफाइल का रजिस्ट्रेशन हुआ हो, स्वीकृत या अस्वीकृत का मैसेज लड़की के ही नाम से आएगा।

चलिए ! उधर की स्वीकृति तो आ गई, पर "कॉल मैं कर लूँ"- इस बात की स्वीकृति यशस्वी से मुझे अभी भी नहीं मिली थी।

पूरा दिन गुजर गया, पर शिवानी सिंह के पिताजी माननीय श्री मनोज कुमार सिंह जी का कोई कॉल नहीं आया।

"मनोज बाबू ! कुछ तो लड़की वाले होने का गुण दिखाइए - कॉल तो कीजिये, बात बनी - तो आगे बढ़ेंगे, नहीं तो अलग दिशा में बढ़ेंगे" - ये मैं मनोज जी को नहीं, बल्कि खुद को सुना रहा था।

तीसरे दिन मैंने यशस्वी को किसी तरह मना लिया कि मैं इधर से मनोज जी को कॉल लगा लूँ।

कई-कई बार खाली रिंग जाने के बाद आखिरकार मनोज जी मेरा कॉल उठा ही लिए।

औपचारिक अभिवादन और परिचय के बाद, मैं सीधे मूल विषय पर आया - "मनोज जी ! मैंने तीन दिन पहले जीवनसाथी ऐप पर अपने बेटे और शिवानी बिटिया के लिए प्रस्ताव भेजा था। आपने अपनी स्वीकृति भी भेजी है। मैं आपके कॉल की प्रतीक्षा में था। आपका कॉल नहीं आया, तो मैं सोचा - मैं ही आपको कॉल कर लूँ।"

मनोज जी का जबाब - "सर ! क्या बताएं ? लगातार मीटिंग चल रही है। उसपर से ये जो नई जिलाधिकारी आ गई हैं - काम ही काम है, आराम है ही नहीं।"

"हाँ, बात तो आपकी सही है। अब पहले जैसा नहीं रहा। बिहार सरकार में भी अब पूरा समय देकर काम करना होता है"- मैंने भी मनोज जी की बातों में हाँ-में-हाँ मिला दी।

मनोज जी अपने कार्यालय, अपने विभागीय क्रिया-कलाप के बारे में विस्तार से बातें किये।

मनोज जी से मेरी ये पहली बातचीत हो रही थी। वे मुझे बहुत ही मिलनसार और हंसमुख व्यक्तित्व के एक सज्जन व्यक्ति की तरह लगे।

उनकी बातचीत में भोजपुरी की हल्की मिठास ऐसी है कि लम्बी बातचीत में भी आपको थकान का अहसास नहीं होने देगी।

मुझे लगा कि वे अपने सामने हर व्यक्ति को, जिससे वे बातें करते होंगे, बड़े ही सम्मान देते हुए उससे बातें करते होंगे। ये दिखने में सामान्य बात लगती हो, पर ऐसा चरित्र बनना आसान नहीं होता।

मनोज जी से बातचीत भले ही रोचक चल रही थी, मुझे अपने मूल उद्देश्य पर आना था।

मैंने मनोज जी से पूछा - "सर ! आपने तो हमारा प्रोफाइल पढ़ा ही है - आगे क्या सोचा है आपने ?"

मनोज जी को भी अहसास हुआ कि मूल विषय तो शादी है। उन्होंने बिलकुल सहज रूप में मुझसे पूछा - "सर ! क्या नाम है बाबू का ?

उनके इस अप्रत्याशित सवाल से एक पल के लिए मैं असहज हो गया। इनको कुछ याद कैसे नहीं ? दो दिन पहले ही तो इन्होंने अपनी स्वीकृति भेजी है।

खुद को सामान्य दर्शाते हुए मैंने उनसे कहा - "मेरे बेटे का नाम यशस्वी है और वह सेंट्रल बैंक ऑफ इंडिया में प्रोबेशनरी ऑफिसर है।"

"अच्छा ; अच्छा ; वैसे अभी बाबू कहाँ पोस्टेड हैं ?"- मनोज जी अभी भी काफी सहजता से ही पूछ रहे थे।

मैंने बोला - " जी, अभी वह पुणे जोन में नाशिक के पास संगमनेर ब्रांच में पोस्टेड है।"

"ठीक है सर ! अभी तो हम मीटिंग से निकले हैं। घर पहुँच कर परिवार में विचार-विमर्श करते हैं। फिर जैसा होगा, आगे बातचीत होगी"- मनोज जी लगभग वही उत्तर दिए, जैसे इसके पहले और भी लड़की के पिताजी मुझे दिया करते थे।

दो दिन और बीत गए - मनोज जी का कॉल नहीं आया।

मैंने फिर अपनी ओर से उन्हें कॉल लगा दिया - " मनोज जी प्रणाम ! मैं पवन सिंह बोल रहा हूँ। और सुनाइये - कैसे हैं आप ?"

"जी ! जी ! प्रणाम ! प्रणाम !, सब बढ़िया है सर - आप कैसे हैं ?"- मनोज जी ने पहले की तरह ही बड़े प्रेम-पूर्वक अभिवादन स्वीकार किया।

"सर ! वो क्या हुआ ? परिवार में विचार-विमर्श होना था"- मैंने जल्दी से पूछा।

मुझे परिणाम चाहिए था। हाल-समाचार के लिए न तो मनोज जी थकेंगे, न ही मैं थकने वाला हूँ।

"सर ! वो बाबू का नाम क्या बताया था आपने ?"- मनोज जी की आवाज मुझे दूर से आती हुई तेज सीटी की तरह लग रही थी। मुझे समझ में नहीं आ रहा था कि बोलूँ क्या ?

वास्तव में, इसमें मनोज जी का कोई दोष नहीं है। हर दिन बीस प्रोफाइल देखने के बाद, कुछ दिन में सब इस तरह मिक्स हो जाता है कि याद रखना मुश्किल। मनोज जी शायद डायरी में रिकॉर्ड नहीं रखते होंगे।

लड़का का पिता हूँ, पर लड़की के पिता की तरह धैर्य दिखाते हुए मैंने शांतिपूर्वक जबाब दिया - "सर ! यशस्वी - सेंट्रल बैंक - पी ओ।"

मनोज जी जल्दी से बोले - "हाँ ! सर हाँ ! बाबू के बारे में घर में बात हुई है। बाबू का बायोडाटा और एक-दो फोटो भेज दीजिये।"

इसके पहले कि मनोज जी आगे कुछ और बोलते, मैंने उनको रोका - "सर ! सारा डिटेल तो जीवनसाथी ऐप पर दिया ही हुआ है, बायोडाटा भी भेज दूंगा। पर ये बायोडाटा से कुछ नहीं होगा। हमलोगों को आमने-सामने बैठकर मिलने का कार्यक्रम बनाना चाहिए।"

"सर ! आपका इधर पटना आने का कार्यक्रम नहीं है क्या ? नोएडा आने के लिए मुझे छुट्टी की समस्या आएगी" - मनोज जी चिंतित स्वर में बोले।

ये मई, 2025 का महीना था। मैं और मेरी मैडम जुलाई के आखिरी सप्ताह में अपने गृह-कुलदेवी की वार्षिक पूजा के लिए बमौरा आने वाले थे। दिल्ली से पटना का हमारा अग्रिम टिकट कटा हुआ था।

तो मैंने मनोज जी को बताया - "सर ! आप जुलाई के आखिरी सप्ताह में हमारे घर पटना आ जाइये।"

और इस तरह 29 जुलाई, 2025 को मनोज जी का कंकड़बाग, पटना स्थित नंदन टावर के हमारे फ्लैट पर आगमन हो गया।

मनोज जी के साथ उनके बड़े भैया भी थे - प्रोफेसर साहब। प्रोफेसर साहब बहुमुखी प्रतिभा के धनी व्यक्तित्व के सज्जन हैं।

मुझे लगता है - न केवल अपने परिवार में, बल्कि सासाराम के इनके समाज में, बिना प्रोफेसर साहब का मत लिए कोई पारिवारिक, सामाजिक निर्णय लिया ही नहीं जाता होगा।

खासकर शादी की बातचीत में, जब लड़के वाले के सामने बोलती बंद होने का संकट आ जाए, तो लड़के वाले की बोलती बंद करने में प्रोफेसर साहब अकेले ही सब पर भारी हैं।

मनोज जी के नंदन टावर आगमन पर एक विशेष संयोग ये था कि हमारे घर पर केवल मैं और मेरी मैडम इला सिंह ही थे। छोटा भाई ललन पटना में ही अपना बैंक गया हुआ था, जहाँ वह पदस्थापित है।

मेरी मैडम की देवरानी संजू सिंह अमेरिका के सिएटल में छह महीने के लिए अपने बेटा-बहू अपूर्व-श्रुतकृति के घर गई हुई थीं, जहाँ बीस दिन पहले हमारे घर की प्रथम "पोती बिटिआ"- "सिया" का जन्म हुआ था।

अमेरिका में जन्म होने के कारण सिया को अमेरिका की नागरिकता मिल गई है, पर हमारे लिए तो वन्दे भारत ही रहेगी।

आइए ! मनोज जी और प्रोफेसर साहब के पास चलते हैं। हमने इनके स्वागत में कोई कसर नहीं छोड़ी।

नमकीन, मिठाई, चाय से शुरुआत हुई। भोजन करने में थोड़ी औपचारिक आनाकानी के बाद इन्होंने भोजन ग्रहण भी किया - तली हुई पूरी, भिंडी का भुजिआ और अरबी की सब्जी।

प्रोफेसर साहब का गुण मैंने तभी भांप लिया था, जब वे अरबी की सब्जी की तारीफ में मेरी मैडम की तारीफों के पुल बांधे जा रहे थे। क्या आपने कभी सुना है - अरबी की सब्जी की तारीफ ?

मनोज जी सामान्य भाव से भोजन ग्रहण कर रहे थे। भोजन का आखिरी मेनू अपने बिहार का मालदह आम था, जो हर अवसर में अपनी जगह बना ही लेता है।

आइए ! अब सुनते हैं - 29 जुलाई, 2025 को आखिर हुआ क्या ?

मेरी तो समझ शुरू से ही स्पष्ट रही है कि मैट्रीमोनी ऐप से आप केवल संभावित वधु-परिवार या वर-परिवार की सूची बनाइए, पर बिना आमने-सामने बैठे, न तो कुछ कहिये - न कुछ सुनिए।

आज हमलोग आमने-सामने थे। खूब बातें हुई। मुझे लगता है - मनोज जी सासाराम से मन बनाकर ही आए थे।

ऐसा मैं इसलिए कह रहा हूँ कि वे दोनों एक भी ऐसा कोई मुद्दा उठा ही नहीं रहे थे - जिसमें शंका का समाधान कर लिया जाए।

नंदन टावर आकर यदि प्रोफेसर साहब और मनोज जी कुछ विशेष, जिसे मैं आम बोल-चाल की भाषा में कहूँ तो - "ऑन स्पॉट वेरिफिकेशन", कर पाए, तो वह था - "शिवानी की सास कैसी ?"

वैसे तारीफ तो मेरी भी हुई, पर मनोज जी और प्रोफेसर साहब का सर्टिफिकेट तो केवल मेरी मैडम को ही मिला - "ऐसी सास और कहाँ ?"

सास पर बातें चल रही है, तो एक घटना का कट-कॉपी-पेस्ट सुनिए -

एक पटना के सज्जन थे। उनकी बिटिआ सेन्ट्रल गवर्नमेंट सेवा में थी। उनके पिताजी यशस्वी के रिश्ते के लिए इसी नंदन टावर में, जब हमसे मिले, तो वे मेरी मैडम से बोले - "जो भी लड़की इस घर में आएगी, राज करेगी।"

मेरी मैडम पूछी थी - "ऐसा क्यों?", तो उनका उत्तर था - "सास के कारण।"

ऐसी न जाने कितनी मैडल मेरी मैडम ने जमा कर रखा है।

एक चीज तो है - सास वाली किसी भी लेवल की प्रतियोगिता में मैडम इला सिंह बिना किसी तैयारी के गोल्ड मैडल जीत लेंगी।

आखिर क्यों न हो ? यशस्वी के बचपन से ही, जब मेरी मैडम अपनी आने वाली बहु सुंतुर के नाम के साथ "सुंतुर आएगी तो ये - सुंतुर आएगी तो वो" करके बेटे के साथ अठखेलियाँ करती रहती थीं --

तो मतलब ये, कि तैयारी मजबूत है - यू पी एस सी वाली तैयारी की तरह।

वैसे एक जगह मैडम लड़खड़ाई भी थीं - जब एक अपनी छोटी बेटी के लिए हमारे यहाँ रिश्ते की बात करने वाले पिताजी हमें बता रहे थे -

"मेरी बड़ी बेटी को उसकी सास बहुत प्यार देती हैं - उसे जब वे पायल गिफ्ट करती हैं तो अपनी हाथों से उसके पाँव में वो पायल पहनाती हैं।"

तो बात हो रही थी - 29 जुलाई, 2025 को आखिर हुआ क्या ? और मुझे लग रहा था - मनोज जी सासाराम से मन बनाकर ही आए थे।

क्योंकि बिना किसी जाँच-पड़ताल, शंका-समाधान के प्रोफेसर साहब का मूल सवाल ये था - "आगे क्या करना है ?"

इला सिंह का एक छोटे से वाक्य का संक्षिप्त और सटीक उत्तर था - "ये उन दोनों को तय करना है - यशस्वी और शिवानी को।"

नंदन टावर में 29 जुलाई, 2025 को ये बैठक चल रही थी। 10 अगस्त, 2025 से भादो महीना शुरू होने वाला था - विवाह कार्य के लिए वर्जित महीना।

इस बीच में यशस्वी-शिवानी की ऑफिस में छुट्टी का एक दिन आ रहा था - 03 अगस्त 2025, रविवार।

दोनों बच्चों को सामाजिक अनुभव भले ही कम है, पर दोनों परिपक्व हैं।

दोनों उच्च शिक्षा प्राप्त हैं। पेशेवर पहचान है दोनों की।

सामाजिक दायित्यों के लिए हम इन्हें मार्गदर्शन देंगे, पर, पसंद-नापसंद का दृष्टिकोण सामाजिक न होकर व्यक्तिगत ही होना चाहिए।

और तय हो गया - "**03 अगस्त, 2025** को यशस्वी-शिवानी मोबाइल कॉल पर एक-दूसरे से बातें करेंगे।"

****

5

नरेंद्र मोदी स्टेडियम, अहमदाबाद

"नरेंद्र मोदी स्टेडियम, अहमदाबाद" - शीर्षक पढ़ के चौंक जाना स्वाभाविक है।

पर एक लेखक के नाते मैं भी कई-कई बार चौंकते रहता हूँ कि अबतक जो मैंने लिखा - एक बेटा के पिता के बारे में और खासकर बेटी के पिता के बारे में ;

यदि मनोज जी अपनी कोई ऐसी पुस्तक लिखें, तो उसमें मेरी तस्वीर कैसी होगी ?

मैंने बताया था - 29 जुलाई, 2025 को नंदन टावर में क्या हुआ ?

तय हुआ था - 03 अगस्त, 2025 को यशस्वी-शिवानी मोबाइल कॉल पर एक-दूसरे से बातें करेंगे।

तो क्या बातें हुई - ये बेटा न तो पापा को बताया, न ही मम्मी को। हमें बस इतना याद है कि बेटा के गले में सर्दी का संक्रमण था और उसकी आवाज भारी थी।

आपमें से कुछ को ही ये बात पता होगी कि अंग्रेजी साहित्य लेखन में यशस्वी को माँ सरस्वती की विशेष अनुकम्पा प्राप्त है।

इस बात में कितनी गंभीरता है - इसका अंदाजा इसी बात से लगाइये कि मैं एक-दो बार नहीं, दर्जनों बार यशस्वी को अपने मन की बात बताया हूँ __

"बेटा जो भी सर्विस में आना है - आ जाओ, फिर दस-बारह साल के बाद सर्विस छोड़कर आप फुल टाइम कहानी लिखो। स्टोरी राइटर यशस्वी बन जाओ।"

मैं सीधे स्वर में स्वीकार करता हूँ कि बचपन में यशस्वी की अंग्रेजी में लिखी रचना को पढ़ते हुए मेरी लेखन में रूचि बढ़ने लगी।

03 अगस्त, 2025 को यशस्वी-शिवानी के संवाद की कहानी सुनने की पहली प्रतीक्षा तो अब यशस्वी की लेखनी को रहेगी।

अभी तो आपको लिए चलता हूँ - अहमदाबाद के मोटेरा में स्थित भारत के सबसे चर्चित डेस्टिनेशन में से एक - "नरेंद्र मोदी स्टेडियम।"

अभी तो आप कहीं भी अपनी सीट चुन लीजिये, क्योंकि सीटें भरने वाली है।

आप कुछ देर स्टेडियम के माहौल का आनंद लीजिये - मैं कहानी की कड़ियों को लेकर थोड़ी देर में यहीं आ रहा हूँ।

"दो विद्वानों" के बीच हुई 03 अगस्त, 2025 की बातचीत का जो प्रतिफल निकला था, इसको हिंदी के एक शब्द से यदि समझें तो वह था - "संतोषजनक"।

"वीडियो कालिंग पर बातचीत" - यह एक ऐसा अगला परिस्थितिजन्य चरण है, जो खुद-ब-खुद सामने आ जाता है।

दोनों अभिभावक की औपचारिक पूर्व-सहमति दोनों बच्चों के साथ थी। पर शिवानी सिंह का पूर्व निर्धारित अटल व्रत ___

"जब तक हमदोनों एक-दूसरे के सामने आकर नहीं मिलते हैं - तब तक वीडियो कॉल मिलाप वर्जित।"

अगली छुट्टी 10 अगस्त को, फिर उसी दिन से वर्जित मास "भादो" शुरू और दो वर्जित अस्त्र के चुनाव में शिवानी का "अटल व्रत" भारी पड़ा। अगली गैर-वर्जित तिथि में पहली तारीख थी - 03 अक्टूबर।

02 अक्टूबर, 2025 को विजयादशमी थी।

पर 02 अक्टूबर के बदले 03 अक्टूबर की तिथि में यशस्वी-शिवानी के प्रथम भेंट की शुभ मुहूर्त निकाले थे - शिवपुरी राधा-कृष्ण मंदिर में यशस्वी के नानीजी के पंडितजी श्री बालमुकुंद कौशिक जी।

03 अक्टूबर, शुक्रवार का दिन था। यशस्वी का इसी दिन नाशिक में कोई परीक्षा थी।

सुबह में परीक्षा - परीक्षा के बाद नाशिक एयरपोर्ट और फिर शाम 05:10 वाली नाशिक-अहमदाबाद फ्लाइट - 6 ई 7219 से शाम 6:30 बजे अहमदाबाद एयरपोर्ट, एयरपोर्ट से होटल, फिर होटल से सीधे - शांतिग्राम।

"शांतिग्राम" - अडानी ग्रुप द्वारा विकसित एक विशाल, सुव्यवस्थित, और आधुनिक टाउनशिप।

इस टाउनशिप के अंदर शिवानी की एक वृहद् आवासीय परिसर के प्रांगण में स्थित भगवान् शिव का मंदिर।

इसी शिव-मंदिर में यशस्वी और शिवानी खड़े थे, एक-दूसरे के सामने।

यहाँ पर एक बार फिर से यशस्वी के लेखन-विधा की बारी ! उसकी लेखनी का पुनः इंतजार !

पर, "**इसको क्यों नहीं भेजे पापा ?**" की कहानी अनवरत जारी रहेगी।

मम्मी इला सिंह यशस्वी के साथ भेजी थी - शिवानी के लिए वन पीस एंक्लेट। बोली थी - "बेटा ! संतुर से कहना - ये मम्मी दी है।"

मैंने उस समय पम्मी से पूछा था - "ये वन पीस क्यों ? जोड़ा क्यों नहीं ?"

पम्मी बोली थी - "वन पीस नजर उतारने के लिए होती है। संतुर को नजर न लगे।"

शानु-संतुर का डिनर पास के होटल में हुआ। बिल पेमेंट मैडम शिवानी ने किया था - आखिर मेजवान ज़ो ठहरीं।

डिनर के बाद हुआ - 'बाय' - 'गुड नाईट' - 'कल मिलते हैं'।

उबर कैब में बैठने के पहले यशस्वी उत्सुकतावश पूछ बैठा - "कल हम कहाँ मिल रहे हैं ?"

एच आर मैनेजर शिवानी सिंह ने उत्तर को रहस्मय रहने दिया - "कल ही बताऊँगी। लोकेशन भेज दूंगी, कल सुबह ही।"

रात्रि विश्राम के लिए यशस्वी अपने होटल आ गया था।

अगली सुबह - 04 अक्टूबर, 2025 के ठीक 9 बजे, शिवानी द्वारा भेजे गए जी पी एस लोकेशन पर यशस्वी पहुँच चुका था।

लोकेशन था - मोटेरा का नरेंद्र मोदी स्टेडियम। शिवानी स्टेडियम के मुख्य द्वार पर यशस्वी का इंतजार कर रही थी।

"तुम्हें तो क्रिकेट पसंद नहीं, फिर यहाँ क्यों ले आए ?" - पूछते हुए यशस्वी अंदर से बहुत खुश भी था।

"तुम्हें तो क्रिकेट बहुत ही पसंद है। तुमने तो जीवनसाथी ऐप पर भी डाल रखा है - हॉबी : क्रिकेट"__

"तुम मेरे मेहमान हो, तो तुम्हारी पसंद की बात तो होनी ही चाहिए"- मेजवान शिवानी सिंह यशस्वी को मैच के दो टिकट दिखाती हुई बोलीं।

दोनों का स्टेडियम में प्रवेश होता है। अंदर क्रिकेट-प्रेमियों की भीड़ है, पर स्टेडियम हाउस फुल नहीं है।

04 अक्टूबर 2025 को अहमदाबाद के इस नरेंद्र मोदी स्टेडियम में भारत और वेस्ट इंडीज के क्रिकेट टीम के बीच पहले टेस्ट मैच का तीसरा दिन था।

दोनों अपनी-अपनी सीट पर वहीं बैठते हैं, जहाँ पर कुछ समय पूर्व मैंने आपको बिठा कर कहा था - "मैं कहानी की कड़ियों को लेकर थोड़ी देर में यहीं आ रहा हूँ।"

भारत-वेस्ट इंडीज टेस्ट क्रिकेट मैच तीसरे दिन ही समाप्त हो गया था। भारत पारी और 140 रन से मैच जीत गया था।

04 अक्टूबर की ही रात 9:30 बजे यशस्वी संगमनेर वापसी के लिए मुंबई आने वाली ट्रेन में अपनी बर्थ पर आ चुका था।

यशस्वी को "शुभ-यात्रा" बोलने के लिए शिवानी का अहमदाबाद का सबसे आखिरी पड़ाव था - ट्रेन के कोच में यशस्वी का वही बर्थ।

रात के लगभग 10 बजे, अहमदाबाद से मुंबई के बांद्रा टर्मिनस के लिए यशस्वी की ट्रेन खुल चुकी थी। बिटिया शिवानी भी शांतिग्राम के अपने आवास के लिए वापस लौट चुकी थी।

एक माँ अपने बच्चे से पूछती है - "बेटा ! कैसी है सुंतुर ?"

मोबाइल फोन स्पीकर पर था, यशस्वी की आवाज आ रही थी - "मम्मी ! जैसा सोचा था, उससे भी अच्छी।"

"बेटा ! तभी तो एक बचपन से सुंतुर की कहानी तुम्हें सुनाते हुए मम्मी हमेशा से बोलती आई है"__

"मेरे बेटे की दुल्हन इतनी सुंदर होगी ! इतनी सुंदर होगी ! कि उसका नाम ही हम सुंतुर रखेंगे" - बेटे के बचपन में खोई मेरी अर्धांगिनी की खुशियाँ सातवें आसमान पर थी।

मोबाइल कॉल में बेटा और पम्मी की बातचीत को सुनते हुए, मैं भी अपने हिस्से की खुशियाँ जी रहा था।

कृष्ण-कन्हैया साँवले हैं। प्रभु राम साँवले हैं और भगवान शिव भी। अप्रतिम सुंदर रूप तो इनके चाहने वालों के मन में बसा होता है।

रामचरित मानस का एक प्रसंग मुझे याद आ रहा है। बालकाण्ड में तुलसीदास जी इस पद को कहते हैं -

"होइहै वही जो राम रची राखा। को करि तर्क बढ़ावै साखा।।"

जब सती को यह संदेह होता है कि वन में अपनी पत्नी सीता की खोज करते हुए, जो राजकुमार रामचंद्र घूम रहे हैं - क्या वे ही वह परमब्रम्ह भगवान हैं, जिन्हें उनके पति शिव पूजते हैं ?

तब भगवन शिव ने उन्हें समझाते हुए कहा कि ईश्वर की लीला को तर्क से नहीं समझा जा सकता।

इस कहानी के सभी श्रोता भगवान शिव के भक्त हैं। उन्हें भी "शांतिग्राम" की लीला में कोई संदेह भला कैसे होगा ?

****

6

राजा जनक! का बमौरा आगमन

"क्या चाहिए सर ! शादी हो रही है। आप लड़का के पिताजी हैं। बताना तो पड़ेगा ही"- यही वह यक्ष-प्रश्न था, जो मनोज बाबू अपने बमौरा आगमन के दौरान लड़का के पिताजी, यानि मुझसे पूछे थे।

"इसको क्यों नहीं भेजे पापा ?" की कहानी को दो खंड में समझिये।

पहले खंड का मूल प्रश्न -"**इसको क्यों नहीं भेजे पापा ?**"; जिसके उत्तर का अर्ध-विराम आपको पिछले अध्याय में मिल गया होगा।

पर, इस कहानी के दूसरे खंड के मूल प्रश्न "क्या चाहिए सर ?" का पूर्ण विराम मिलना मुश्किल ही होगा। आज तक तो किसी को मिला नहीं - संतुष्टि !

थोड़ा अतीत में चलते हैं - फ्लैश बैक।

मेरी और पम्मी की शादी न तो अरेंज मैरिज थी, न ही प्रेम विवाह। वह भगवान शिव के तीसरे नेत्र की तरह था - जिसे आज तक कोई समझा भी नहीं।

प्रेमपूर्वक अरेंज की गई शादी थी वह - जिसमें लड़के के साथ लड़के की माताजी भी प्रेम में थीं।

माताजी-पिताजी के अलावे लड़के के बैंक के शाखा प्रबंधक भी लड़की के पिताजी के ऑफिस तक मिलने चले जाते हैं। उस समय उन दोनों की वार्तालाप सुनिये।

"बमौरा वाले पवन जी यूको बैंक की मेरी ही शाखा में पोस्टेड हैं। मैं वहाँ ब्रांच मैनेजर हूँ। मेरी बिटिआ की शादी के लिए मैं भी लड़का ढूँढ़ रहा हूँ। मैंने देखा कि बैठे-बिठाए मुझे इतना बढ़िया लड़का मुझे कहाँ मिलेगा ? मैं पवन जी के पिताजी

से मिलने उनके घर गया था। पर वे टाल-मटोल कर रहे थे। पता चला है कि आपके यहाँ शादी की बात चल रही है। मैंने सोचा - आपसे ही मिलकर इस बात की पुष्टि कर लूँ।"

पम्मी के पिताजी का उत्तर था - "मैं इस बारे में कोई बात नहीं करूँगा।"

मेरे लाख प्रयास के बाद भी दर्शकों और श्रोताओं में यही ट्रेंड हो गया - कि हमारी प्रेम-विवाह शादी है।

जयमाला के बाद एक दर्शक मुझसे पूछ बैठा था - "पवन भैया ! ये बड़ी वाली से क्यों नहीं प्यार हुआ आपको ? वे आप वाली से ज्यादा सुन्दर हैं।"

आइये ! फ्लैश बैक से वापस लौटते हैं और इस अध्याय को वहीं से शुरू करते हैं, जहाँ पर पिछले अध्याय में शांतिग्राम की लीला पूर्ण हुई थी।

शिवानी सिंह की अटल व्रत की अवधि पूरी हो चुकी थी। वीडियो कॉलिंग लाइन अब यशस्वी के मम्मी-पापा के लिए भी खुल चुकी थी।

मोबाइल के हाई रेसोलुशन वाले कैमरे से वीडियो कॉलिंग बातचीत में हमेशा लगने लगा जैसे सुंतुर घर में बस आ ही गई।

अब यहाँ रामायण काल में चलकर शानु-सुंतुर की कहानी को सुनते हैं।

रामायण काल में भी प्रभु श्री राम के मिथिला प्रवास में उनकी भेंट माँ सीता से राजकीय उपवन में हुई थी।

माँ सीता अपनी सखियों के साथ गौरी-पूजन के लिए उसी बगीचे में आई थीं।

प्रभु राम और माँ सीता ने एक-दूसरे को पहली बार देखा।

यहीं पर उन दोनों के मन में एक-दूसरे के प्रति सम्मान और प्रेम उत्पन्न होता है।

संत तुलसीदास जी ने क्या लिखा है, जरा सुनिए और समझिए -

कंकन किंकिन नूपुर धुनि सुनी।
कहत लखन सन राम हृदय गुनी।।
मानहुँ मदन दुंदुभि दीन्ही।
मनसा विजय कहत जनु कीन्ही।।

भाव समझिए -

जब सीताजी के कंगन और पायल की मधुर ध्वनि सुनाई दी, तब प्रभु राम ने लक्ष्मण जी से कहा -

"ऐसा प्रतीत होता है मानो कामदेव ने विजय-घोष की दुंदुभि बजा दी हो और किसी सुंदर रूप के आगमन की सूचना दे रहा हो।"

संत तुलसीदास जी ने आगे क्या लिखा है, जरा इसे भी सुनिए और समझिए -

अस कहि फिरि चितए तेहि ओरा।
सिय मुख ससि भए नयन चकोरा।।
भए विलोचन चारु अचंचल।
मनहुँ सकुचि निमिष तजि अंचल।।

अर्थात - फिर जब रामजी उधर देखे तो सीताजी का मुख चन्द्रमा के समान लगा और उनके नेत्र चकोर पक्षी की तरह उसपर स्थिर हो गए। रामजी की सुंदर आँखें स्थिर हो गई और वे पलकें झपकना भी भूल गई हों।

आगे संत तुलसीदास जी कहते हैं कि रामजी को उपवन में देखने के बाद जब सीताजी माता गौरी की पूजा करती हैं तो वह रामजी को अपने हृदय में स्वीकार कर माता गौरी से प्रार्थना करती हैं। आप भी सुनिए -

जय जय गिरिराज किशोरी।
जय महेस मुख चाँद चकोरी।।
जय गजवदन षडानन माता।
जगत जननि दामिनि द्युति गाता।।
नहीं तव आदि मध्य अवसाना।
अमित प्रभाउ बेद नहीं जाना।।
मोहि अतिसय प्रिय रामहि मोरा।
दीजै नाथ पति रूप न थोरा।।

अर्थात - हे पर्वतराज हिमालय पुत्री ! हे भगवान शिव की प्रिया ! आपकी महिमा अनंत है। वेद भी उसे पूर्ण रूप से नहीं जान सकते। हे माता ! मेरे हृदय को जो अत्यंत प्रिय हैं, वही राम मुझे पति रूप में मिलें।

गोस्वामी तुलसीदास जी का ये प्रसंग यहाँ पूर्ण होता है, जब सीताजी को माता गौरी का आशीर्वाद प्राप्त होता है। पद के मंत्र को अपने हृदय में बसा लीजिये -

सुनु सिय सत्य असीस हमारी।
पुजिहि मन कामना तुम्हारी।।
नारद बचन सदा सूचि साचा।
सो वर मिलिहि जाहि मन राचा।।

अर्थात - माता गौरी सीताजी को आशीर्वाद देती हैं -

"हे सीता ! हमारा यह आशीर्वाद सत्य है। तुम्हारी यह मनोकामना अवश्य पूर्ण होगी। ऋषि नारद का वचन सदा सत्य होता है। इसलिए, जिसे तुमने अपने मन में पति के रूप में स्वीकार किया है, वही तुम्हें प्राप्त होगा।"

भले ही नारद जी का वचन सत्य हो, या माता गौरी का वरदान ; बाद में राजा जनक के दरबार में पिताश्री के शर्तों को पूरा करने के पश्चात् ही माँ सीता प्रभु राम के बन सके थे।

ये नियम आज तक जारी है। और इसलिए, शांतिग्राम की प्रभु-लीला के बाद भी, शिवानी के पिताश्री मनोज जी की स्वीकृति के बिना, शिवानी हमारे घर की सुंतुर तो नहीं बन सकती थी।

जल्दी ही मनोज बाबू का कॉल आ गया - "सर प्रणाम ! हमलोगों का मन था कि हमलोग एक बार आपके बमौरा वाले घर का भ्रमण करते। आप पटना कब आ रहे हैं ?"

और इस तरह मनोज बाबू के बमौरा भ्रमण का कार्यक्रम बन ही गया और छठ पूजा के नहाय-खाय दिन से दो दिन पहले - 23 अक्टूबर, 2025 को मनोज बाबू और उनकी टीम हमारे बमौरा आवास - "यशोदा-नरेश" में थे।

"यशोदा-नरेश"- हमारे पैतृक गाँव बमौरा में हमारे आवासीय परिसर का नाम।

हमारी पीढ़ी के बाद हमारे घर के तीनों बच्चे का जन्म भले ही पटना में हुआ हो, पर हमारे ये तीनों बच्चे अपने बचपन का बड़ा हिस्सा "यशोदा-नरेश" परिसर में भी बिताया है।

गर्मियों की छुट्टी में क्रिकेट मैदान हो या आम का गाछी हो, कुलदेवी का घरी पर्व हो, दिवाली से छठ पूजा की धूम हो या फिर कुछ और - बच्चों के बहाने या कहिये की बच्चों से ज्यादा बच्चों के दादाजी और दादीजी ने अपना सपना इस परिसर में जिया था।

"यशोदा-नरेश"आवास का रूप और रंग आज भले ही पहले से बिलकुल अलग हो गया हो, पर परिसर तो यही है - शुरू से।

इसी परिसर में हम सभी पाँच भाई-बहन पले-बढ़े - मंजू दीदी, रंजू दीदी, मैं, ललन और शीला ।

हम पाँचों भाई बहन की शादी के ढोल और बाजे भी इसी परिसर में गूँजे थे।

इसी परिसर में हमें अपने दादाजी स्व. श्री राम शरण सिंह का अलौकिक आशीर्वाद मिला।

दादीजी स्व. श्रीमती अहिल्या देवी से दादीमाँ की कहानियाँ हमने इसी परिसर में सुनी थी।

इस आवास का नाम पहले हमने "अहिल्या-शरण" रखना सोचा था। बाद में जब नाम-पट्टिका बनने का समय आया तो यह "यशोदा-नरेश" हो गया - हमारे पूज्य माँ-पिताजी स्व. यशोदा देवी और स्व. राम नरेश सिंह की पुण्य स्मृति में।

हमारे दादाजी-दादीमाँ खुश ही हुई होंगी - अपने बदले उनके बेटे-बहु के नाम की स्मृति को सुनकर।

चलिये ! अब मनोज बाबू और उनकी टीम का "यशोदा-नरेश" में स्वागत करने चलते हैं।

सासाराम से सुबह JH 01 FR 1691 नम्बर की सफेद इनोवा कार से चलकर, पटना के रास्ते दिन के 12.30 बजे जब टीम सासाराम बमौरा पहुंची, तो इस टीम में मनोज बाबू के साथ थे - सासाराम से इनके दो बड़े भैया श्री चंदेश्वर सिंह जी एवं प्रोफेसर साहब श्री राजीव रंजन सिंह जी।

इस टीम में इनके साथ थे - रांची से इनके साढ़ू भाई श्री सूरज सिंह जी और जमशेदपुर से इनके दूसरे साढ़ू भाई श्री संजीव सिंह जी। संजीव सिंह जी बबलू जी के नाम से भी लोकप्रिय हैं।

29 जुलाई, 2025 को पटना के नंदन टावर वाले फ्लैट पर जब मनोज बाबू और प्रोफेसर साहब आए थे, तो उनके आतिथ्य में मैं और मेरी मैडम इला सिंह थे।

आज बमौरा में इनके आतिथ्य में हम दोनों के अलावे मैडम इला सिंह की देवरानी संजू सिंह भी थीं, जो अमेरिका से अपनी पोतीश्री और अपूर्व-श्रुतकृति की बिटिआ - नन्ही सिया से मिलकर अभी हाल ही में लौटी थीं।

पूरी गर्मजोशी के साथ सासाराम टीम से स्वागत-मिलन के बाद हमलोग सीधे घर के निचले तल्ले के हॉल में बैठे।

आठ लोगों से एक गोलाकार आकृति सी बन गई थी।

आठ लोगों की संख्या यदि कुछ लोगों को अप्रिय लगे, तो वे यह सुनें कि नौवां व्यक्ति ईश्वर नाम रूप शंकर भी था - हमारा घरेलू और कृषि-कार्य प्रबंधक, जो घर के हॉल में हुई उस बैठक की सारी गतिविधियों का दर्शक और श्रोता भी था।

सूरज बाबू चौकी पर पालथी लगाकर, पत्रकार साहब चौकी को कुर्सी बनाकर, बाकि लोग प्लास्टिक वाली घरेलु कुर्सी पर और मैं डाइनिंग टेबल वाली कुर्सी पर एक टिपिकल बिहारी गोल-बैठक में जब हमलोग बातचीत की शुरुआत किये, तो अनायास ही मैं बोल पड़ा - "ये तो गोलमेज सम्मलेन जैसा दिख रहा है।"

प्रोफेसर साहब तपाक से बोले - "हमलोग गोलमेज सम्मलेन ही तो कर रहे हैं।"

मनोज बाबू अपने चिर-परिचित सदाबहार अंदाज में बोले - "बहुत ही अच्छा लग रहा है।"

प्रोफेसर साहब फिर बबलू जी से, जिनका एक प्रचलित नाम "पत्रकार साहब" भी है, बोले - "पत्रकार साहब ! जरा हमलोगों का फोटो ले लीजिये और वीडियो भी बनाइये जी।"

नंदन टावर वाले फ्लैट पर वीडिओ बनाने का काम खुद प्रोफेसर साहब कर रहे थे। क्या ? कहाँ ? कौन ? क्या पता कब इस फोटो की जरुरत पड़ जाए ?

मनोज बाबू के चंदेश्वर भैया, जिनको ट्रांसपोर्ट वाले भैया भी कहा जाता है, बोले तो बहुत कम ही, पर हमेशा ही मुस्कुराते नजर आए - एक सजग श्रोता की तरह, जो यहाँ की गतिविधियों में छुपे एक परिवार की गहरी और मजबूत परंपरा को भांप सके।

खूब बातें हुई। सभी खुश थे। शादी तय हो गई थी। अब बारी थी - फाइनल डील की।

पर डील की कहानी सुनने के पहले एक बार मनोज बाबू के सासाराम परिवार की संरचना सुनते हैं।

सासाराम के नोखा प्रखंड में एक गाँव है - "तराड़"। मनोज बाबू का पैतृक आवास इसी "तराड़" में है।

सासाराम शहर के गौरक्षिणी इलाके में एक मोहल्ला है - गजराध। इसी गजराध में अभी 25 फरवरी, 2026 को एक नए आवास में मनोज बाबू और भैया प्रोफेसर साहब ने अपने संयुक्त गृह-प्रवेश का उत्सव मनाया है।

मनोज बाबू हमारे परिवार की तरह ही मूलतः एक संयुक्त परिवार से आते हैं। स्व. श्री बालकेश्वर सिंह और स्व. श्रीमती समराजो देवी के सात पुत्रों और दो पुत्रिओं में मनोज बाबू उनकी आठवीं संतान हैं।

सभी नौ भाई-बहनों में सबसे बड़े - भाई श्री ललन सिंह जी हैं। उनके बाद हैं बहन स्व. श्रीमती विमला देवी जी, भाई स्व. श्री मोहन सिंह जी, श्री चंदेश्वर सिंह जी और बहन स्व. श्रीमती लालती देवी जी।

श्री कृष्णा सिंह जी और श्री राजीव रंजन सिंह जी - ये दोनों भाई मनोज बाबू से ठीक ऊपर हैं।

मनोज बाबू के बाद और सबसे छोटे हैं - स्व. श्री धर्मेंद्र सिंह जी।

मनोज बाबू के एक भैया श्री कृष्णा सिंह जी ही मुन्ना भैया हैं और भैया श्री राजीव रंजन सिंह जी ही प्रोफेसर साहब हैं।

आइये ! अब बात करते हैं - फाइनल डील की !

"क्या ? कितना ?"

पर ये लिखा तो नहीं जाता ?

"आपने ये बोला था ! मैंने ये बोला था ! मैंने ये कब बोला ?"

फिर तय कौन करेंगे कि किसने ? कितना ? कब बोला ? फिर तो इसको डील कहना ही गलत है।

फिर प्रश्न को सामान्य बनाते हैं - "आखिर क्या हुआ उस दिन ?"

"क्या चाहिए सर ? शादी हो रही है। आप लड़का के पिताजी हैं। बताना तो पड़ेगा ही"- यही वह यक्ष-प्रश्न था, जो मनोज बाबू अपने बमौरा आगमन के दौरान लड़का के पिताजी से पूछे थे।

मुझे याद आया - मेरी शादी के समय का वह दिन, जब मेरी मैडम के पिताश्री राणा श्री हरिवंश नारायण सिंह जी इसी आवासीय परिसर में आए थे।

परिसर यही था, बस आज के "यशोदा-नरेश" की जगह मिट्टी की दीवाल और खपरैल छत वाले हमारे पुश्तैनी मकान के अंदर उस दिन भी वह घर का बीच वाला हॉल ही था, जहाँ मेरे स्व. माँ-पिताजी और पम्मी के पापा एवं बड़े मामा श्री चंद्रशेखर सिंह जी के साथ मेरी और पम्मी की शादी की बातचीत फाइनल हो रही थी।

आज की बैठक में बेटा यशस्वी नहीं था पर उस दिन मेरे सामने ही सारी बातें चल रही थी।

पापा उसी समय मेरे स्व. पिताजी से पूछे थे - "क्या चाहिए राम नरेश बाबू ! आप लड़का के पिताजी हैं। बताना तो पड़ेगा ही ?"

पिताजी तो कुछ नहीं बताए थे, बोले - "कुछ नहीं चाहिए।"। पापा तब मेरी माताजी से पूछे थे - "मलकीनी ! आप ही बता दीजिए।"

माँ बोली थी - "हमें कुछ नहीं चाहिए। बस हमारी बहु पम्मी हमारे घर आ जाए।"

आज जब हमारी बारी आई, तो मैंने मनोज बाबू को ये नहीं बताया कि कुछ नहीं चाहिए। सुनिए आप भी, मैंने क्या बताया -

"मनोज बाबू ! शादी रांची से होगी - डेस्टिनेशन वेडिंग। वहाँ हमारे स्वागत की सारी तैयारी आपकी होगी।"

मैडम इला सिंह भी अपनी एक लाइन जोड़ दीं - "मनोज बाबू ! तिलक दहेज नहीं चाहिए। इंगेजमेंट इवेंट नहीं चाहिए। बस, मेरे बेटे की शादी ग्रैंड हो - यही मेरी चाह है।"

मैं मन ही मन मैडम से पूछा - "पम्मी ! ये ग्रैंड का क्या मतलब ? इसकी तो कोई सीमा नहीं ?"

फिर मैं खुद ही मन ही मन उत्तर सुन लिया - "ग्रैंड तो मन की सीमा है, मन की संतुष्टि है। हर माँ-पिता को अपना बेटा सुंदर लगता है, ग्रैंड लगता है। हमारे बेटे की शादी है - शादी का हर उत्सव ग्रैंड ही दिखेगा, चाहे कैसे भी करो।"

हर शादी ग्रैंड होती है। हर नव-युगल अनूठा होता है। हर शादी के पहले की फाइनल डील भी सम्पूर्ण होती है।

फिर भी इस फाइनल डील में कुछ छूट ही जाता है, जिसका कटु समायोजन बाद के वर्षों तक चलता रहता है।

फिर यदि कुछ छूट ही जाए, तो शादी की एक रस्म याद कीजिये -

दुल्हन जब शादी के बाद अपने घर से विदाई लेती है, तो अपने पीछे अक्षत फेंकने का रस्म करती है।

इस रस्म के माध्यम से वह अपने माँ-पिता के घर में मिले प्रेम, पालन-पोषण और संस्कार के प्रति कृतज्ञता व्यक्त करती है।

अक्षत फेंककर दुल्हन ये भाव प्रकट करती है कि वह अपने मायके की समृद्धि को लौटाकर जा रही है।

दुल्हन द्वारा कृतज्ञता भाव का ये रस्म पूरे समाज के लिए एक गहरा सन्देश भी है - कि आज जहाँ लोग छोटी-छोटी बातों में अपनों से ही शिकायत कर बैठते हैं, यह रस्म हमें सिखाती है कि जीवन में कृतज्ञ बनिए, शिकायती नहीं।

तो अक्षत रस्म के समय हम दूल्हे के घर वाले, जो वहीं होते हैं - इस भावपूर्ण क्षण को होते हुए मूकदर्शक रहते हैं __

क्यों न मन ही मन उस अक्षत के पीछे छूटते हर दाने के साथ ये संकल्प लें -

"कि शादी के इस महायज्ञ में यदि कोई सवाल के उत्तर छूट गए हों, तो उन सारे सवालों को हमेशा के लिए यहीं पीछे छोड़ दें ?"

मनोज बाबू और उनकी रांची टीम एवं सासाराम टीम के अब वापस लौटने का समय आ गया था।

हम सभी और वे सभी बहुत खुश थे। दोनों पक्ष के लोगों के चेहरे पर जीत का भाव था।

विदाई लेते हुए मनोज बाबू बोल रहे थे - "हमें बहुत संतुष्टि मिल रही है। ऐसा लगता है कि हमलोग राजा दशरथ के घर आये हों।"

इला सिंह, मेरी मैडम मनोज बाबू को बोल रही थीं - "यदि हम राजा दशरथ हैं, तो आप भी हमारे राजा जनक हैं।"

JH 01 FR 1691 नम्बर की सफेद इनोवा कार सासाराम टीम को लेकर हमलोगों की भावपूर्ण आँखों के सामने "यशोदा नरेश" परिसर से सासाराम के लिए निकल रही थी।

7

वाराणसी में गेट-टुगेदर

शादी राँची से होगी, डेस्टिनेशन वेडिंग - राँची।

पर, इस निर्णय के पीछे का कारण यह नहीं था कि मनोज बाबू राँची से शादी होने की इच्छा जताए हों।

इस निर्णय के पीछे की कहानी सुनिए।

शिवानी अपने जन्म के कुछ ही महीने बाद से ही राँची अपनी नानीजी के यहाँ आ गई थी और फिर आज तक राँची की ही होकर रह गई।

अपनी नानीजी की दुलारी, शिवानी का बचपन नानीजी के साथ राँची में ही बीता।

शिवानी की स्कूली शिक्षा से लेकर बी आई टी, मेसरा से एम बी ए तक की पढाई राँची में ही हुई।

नानीजी चाहती थीं कि उनकी दुलारी शिवानी की शादी बड़े धूम-धाम से राँची में हो और वे अपनी आँखों से शिवानी को अपने ससुराल के लिए विदा होते देखें।

नियति के कठोर खेल ने नानीजी को अपनी आँखों के सामने शिवानी का अपने ससुराल के लिए विदा होते देखने की अभिलाषा पूरी होने नहीं दी।

शिवानी अहमदाबाद में अपने जॉब से जब भी छुट्टी पर घर आई, तो उसके घर का डेस्टिनेशन सासाराम नहीं, बल्कि राँची होता था - अपनी नानीजी का घर।

नानी स्व. श्रीमती सुशीला देवी - जिसे शिवानी "माँ" कहके बुलाती है।

शिवानी की राँची में धूमधाम से शादी हो - नानीजी की यह अधूरी अभिलाषा को पूर्ण होते देखना अब शिवानी के मामाजी का संकल्प बन गया था।

खुद शिवानी भी अपने जीवन का यह भावपूर्ण उत्सव इसी धरती पर देखने को संकल्पित रही है।

शिवानी की नानीजी के प्रति शिवानी का प्यार, सम्मान और समर्पण देखकर मेरी मैडम इला सिंह का स्वस्फूर्त निर्णय हुआ कि शादी राँची से होगी।

बेटा यशस्वी और मैं भला क्यों मना करता ?

"राँची में डेस्टिनेशन वेडिंग होगी"- मनोज बाबू के बमौरा भ्रमण में केवल यही निर्णय नहीं हुआ था।

एक और निर्णय हुआ था - "इंगेजमेंट नहीं होगा। सीधे शादी होगी - डेस्टिनेशन वेडिंग, राँची।"

पूरी शादी फाइनल हो गई और अब तक ना ही मनोज बाबू अपने होने वाले दामाद से मिले और ना ही हम अपनी बहु से मिल पाए थे।

हमारा प्रस्ताव हुआ - "एक गेट-टुगेदर करते हैं - नोएडा, पुणे, नाशिक या कहीं भी। दोनों बच्चे रहेंगे, मनोज बाबू और उनकी मैडम रहेंगे, पम्मी और मैं, बस।

अब हमलोगों की टेलीफोन पर बातचीत में मनोज बाबू के साथ-साथ शिवानी की मम्मी अर्पणा मैडम भी होती थीं।

मनोज बाबू का प्रस्ताव हुआ - "वाराणसी में गेट-टुगेदर करते हैं। नोएडा या कहीं और बहुत दूर हो जाएगा। छुट्टी का भी प्रॉब्लम होगा।"

हमलोग बिना सोचे-समझे वाराणसी में गेट-टुगेदर के लिए "हाँ" बोल दिये, क्योंकि हमें नोएडा से कहीं भी जाने में एक ही जैसा लगता है।

23 अक्टूबर, 2025 को मनोज बाबू के बमौरा भ्रमण के बाद, 14 नवंबर, 2025 को बिहार विधानसभा चुनाव दायित्व से मनोज बाबू को मुक्त होना था और इसके ठीक बाद - वाराणसी में गेट-टुगेदर का कार्यक्रम तय हो गया।

दिन - 18 नवम्बर, 2025 और जगह - वाराणसी का होटल ब्रॉडवे।

मनोज बाबू एक नया प्रस्ताव जोड़ दिए। अब मनोज बाबू और उनकी मैडम के अलावे राँची और जमशेदपुर से शिवानी के मामाजी और मौसा जी का परिवार एवं सासाराम से सभी भैया भी इस गेट-टुगेदर कार्यक्रम में शामिल होंगे।

फिर देखते-देखते, हमारे तरफ से भी लगभग सभी परिवार के लोगों का नाम इस गेट-टुगेदर सूची में शामिल होता चला गया।

"इंगेजमेंट बनाम गेट-टुगेदर" - यह एक ऐसा मुद्‌दा बना कि शायद ही किसी शादी में ऐसा हुआ हो। सुनिये और मुस्कुराइये -

इंगेजमेंट या रिंग सेरेमनी कार्यक्रम न हो, मेरी इस भावना के पीछे का मूल कारण है - हमारे परिवार में इस रीति की परंपरा नहीं रही।

दूसरा कारण - यह केवल मोटा अतिरिक्त खर्च है और बदले में मुख्य उत्सव - "शादी" की धूम का पूर्वाभ्यास जैसा ही है।

तीसरा कारण - दूल्हा और दुल्हन का यह उत्सव शादी के दिन दुहराव जैसा हो जाता है - एक बड़ी कीमत के बदले।

एक और विशेष कारण - इस कार्यक्रम के न होने से मनोज बाबू का अतिरिक्त खर्च बच जाता है, जो वे शादी के मुख्य कार्यक्रम में जोड़ सकते हैं।

मैं इस रीत-रिवाज का अंतिम अधिकृत संस्था नहीं हूँ, जो मैं कहूँ - वही सही।

पर यदि हमारे परिवार के लिए यह पसंद का विषय नहीं है, तो हम हमारी पसंद का पक्ष तो रख ही सकते हैं।

इस पूरे "हाँ-ना" के बीच शिवानी बिटिया का बेटा यशस्वी को एक सन्देश आ जाता है -

"सुनो ! ये गेट-टुगेदर हो या इंगेजमेंट नहीं हो - मुझे नहीं मतलब। बस, मुझे एक अंगूठी पहना देना उस दिन और मैं भी।"

गेट-टुगेदर का कार्यक्रम तय हो गया था। इसके बाद भी मैंने मनोज बाबू को गेट-टुगेदर कार्यक्रम के लिए उनको एक "प्रोटोकॉल सूची" बता दी -

"कोई लक्जरी होटल नहीं। कोई उत्सव हॉल नहीं। प्रोफेशनल वीडियोग्राफी, फोटोग्राफी नहीं। कोई मंच नहीं - मंच पर फूलों की सजावट नहीं। जितना मुझे याद आया - सब की नहीं।"

"हमारे सभी लोग अनौपचारिक वस्त्र में रहेंगे।"

"लड़का और लड़की ने तय कर लिया है कि वे दोनों भी अनौपचारिक वस्त्र में रहेंगे। कोई सूट- शेरवानी नहीं, कोई लहंगा नहीं।"

"सभी गेस्ट किसी एक कमरे में जुटेंगे, इधर-उधर खड़े रहेंगे, कुछ बैठे भी रहेंगे, दोनों एक-दूसरे को अंगूठी पहनाएंगे, सभी आशीर्वाद देंगे, बस।"

"सभी अतिथिगण चाय, नाश्ता, भोजन करते हुए आपस में परिचय का आदान-प्रदान करेंगे। हमलोग रात्रि विश्राम करेंगे और अगली सुबह एक सफल गेट-टुगेदर के समापन के बाद सभी अपने-अपने गंतव्य को प्रस्थान करेंगे।"

मनोज बाबू ने हमारी हर "नहीं प्रोटोकॉल" का बिना किसी अड़चन के अपनी "हाँ" दे दी।

अब कहानी को फास्ट फॉरवर्ड देते हैं।

18 नवम्बर, 2025 का दिन। बाबा विश्वनाथ की नगरी - वाराणसी। मेरे और मेरी पम्मी के लिए हमारी सुंतुर से मिलने का दिन।

हमारे सभी नाते-रिश्तेदार भोले भगवान शंकर के दर्शन की अभिलाषा लिए एक दिन पहले से ही वाराणसी पहुंचना शुरू कर दिये थे।

नोएडा से शानु के मम्मी-पापा और पटना से शानु के छोटी मम्मी-छोटे पापा तो 16 नवम्बर को ही वाराणसी पहुँच गए।

एक बार हमारी तरफ के सभी मेहमानों की सूची पर नजर डालते हैं -

पटना से शानु की नानीजी, शानु के छोटे पापा और छोटी मम्मी, शानु के छोटे फूफाजी और छोटी फुआजी,

कोलकाता से शानु के मौसाजी, मौसीजी और बहन लावण्या,

धनबाद से शानु के छोटे मौसाजी, छोटी मौसीजी, भाई ज्ञानु और बहन अनन्या,

बेंगलुरु से हमारे घर का सबसे छोटा बेटा वतन - शानु का हमवतन छोटा भाई,

नोएडा से शानु की मम्मी दि ग्रेट और पापा दि ग्रेट।

और संगमनेर से लास्ट बट नॉट द लीस्ट, बेटा दि ग्रेट - यशस्वी।

शानु के नानाजी अपने स्वास्थ्य कारणों से वाराणसी नहीं आ सके।

मेरी बड़ी मंजू दीदी को हमने उनके स्वास्थ्य कारणों से नहीं बुलाया।

हमने मेरी रंजू दीदी, जो बमौरा के हमारे "यशोदा-नरेश" आवास में ही रहती हैं, को भी नहीं बुलाया, क्योंकि उन्हें लम्बी दूरी और काफी भीड़ वाले जगह पर जाना पसंद नहीं।

मजबूरी जो भी हो, लोग "नहीं बुलाना" पसंद नहीं करते।

वैसे, बुलाया तो हमने अपने बड़े साढ़ू भाई साहब और पम्मी की बड़ी दीदी को भी था, पर वे "गेट-टुगेदर में इतनी भीड़ की क्या जरुरत है" - ये कारण बताकर इस कार्यक्रम में शामिल नहीं हुए।

अब मनोज बाबू के तरफ के कौन-कौन मेहमान इस गेट-टुगेदर कार्यक्रम में अपनी उपस्थिति से कार्यक्रम की शोभा बढ़ाए, इनकी सूची पर भी एक निगाह डाल लेते हैं -

राँची से बिटिआ शिवानी के मौसाजी, मौसीजी, बहन आशि और अंशिका,

राँची से ही शिवानी के बड़े मौसाजी, मौसीजी और भाई आदर्श,

जमशेदपुर से शिवानी के छोटे मौसाजी, मौसीजी और भाई अध्ययन,

वाराणसी से ही शिवानी की दो फुफेरी दीदी जी और एक फुफेरे भैया,

सासाराम से शिवानी के सभी चार बड़े पापाजी - यानि, मनोज बाबू के ललन भैया, चंद्रशेखर भैया, मुन्ना भैया और भैया प्रोफेसर साहब, साथ में पंडितजी श्री मुन्ना शुक्ला।

शिवानी की छोटी बहन शाम्भवी, छोटा भाई रोहित और __

शिवानी के पिताश्री और माताश्री।

आखिरी में, होटल ब्रॉडवे के इस समारोह में उपस्थित सभी मेहमानों के बीच सबसे खूबसूरत यंग वुमन - राजकुमारी शिवानी।

मेजबान और मेहमान - दोनों तरफ के लोगों की कुल संख्या थी - लगभग चालीस।

18 नवंबर की सुबह मनोज बाबू का कॉल आना शुरू हो गया - "सर ! ग्यारह बजे आप लोग अपने वर्तमान स्थल से प्रस्थान कीजिये। हमलोग ब्रॉडवे में आपकी प्रतीक्षा में हैं।"

लगभग सभी लोग बाबा विश्वनाथ के दर्शन के लिए माँ गंगा के तट पर प्रातः स्नान के लिए सुबह से ही निकले हुए थे।

आधे मेहमान पहले से ही तय करके निकले थे कि स्नान और दर्शन के बाद सीधे ब्रॉडवे ही पहुँचेंगे।

मनोज बाबू के कथनानुसार हमलोगों की आधी टीम होटल ब्रॉडवे समय पर आ गई थी।

कोलकाता और धनबाद के हमारे मेहमान बाबा विश्वनाथ के दर्शन से अभी तक लौटे नहीं थे।

होटल ब्रॉडवे के मुख्य द्वार पर मनोज बाबू अपने परिवार के युवा और स्मार्ट बच्चों के साथ हमारी स्वागत में खड़े थे।

होटल ब्रॉडवे की भव्यता को देखकर पहली सोच जो मेरे मन में आई, वह यह थी कि - "इतने बड़े होटल की क्या जरुरत थी मनोज बाबू ?"

"अपने कमरे की तरफ किधर जाना है ?"- यह जानने के लिए हमलोग उत्सुक थे।

पर, मनोज बाबू की योजना यह थी कि बैग-ट्राली बच्चे लोग कमरे में ले जाएंगे।

"आपलोग पहले इस तरफ आ जाइये"- कहते हुए मनोज बाबू हमलोगों को ग्राउंड फ्लोर के नीचे बने एक बड़े से हॉल में ले आए।

हॉल की चकाचौंध देखकर एक पल के लिए मैं तो जैसे अवाक् सा रह गया था।

मेरे अंदर से "क्या खूब ! क्या कमाल है !" की विस्मय भरी खुशी मेरे चेहरे पर कब आई ! कितनी देर तक ठहरी ! मैं याद ही नहीं रख सका।

उस पल पम्मी से इस चकाचौंध के बारे में बात करने का समय तो नहीं था, पर उसके चेहरे की भाव-भंगिमा मेरे जैसी ही थी।

हॉल की चकाचौंध वाले माहौल को समझने का समय कहाँ था ! हॉल में प्रवेश करते ही सासाराम की पूरी टीम सामने थी - हमारे स्वागत के लिए उत्सुक।

मिलने - मिलाने का रस्म शुरू हो चुका था।

"कोलकाता वाले और धनबाद वाले साहब लोग कहाँ हैं ?"- मनोज बाबू बेचैनी से मुझे पूछने लगे थे।

उधर समधिनी मैडम मेरी मैडम से पूछने लगी थीं - "आपकी बहन आईं हैं न - कहाँ रह गयीं वे सब ?"

हमलोग क्या बोलते ?

"हाँ, हाँ ! बस आ ही रहे होंगे। बाबा के दर्शन के बाद सीधे यहीं आ रहे हैं"- मैं और पम्मी यही सफाई दे रहे थे।

ये सब कहते-सुनते पम्मी उनलोगों को कॉल भी कर रही थी - "सुनो जी ! लेट मत करो। आ जाओ जल्दी। हमलोग आ गए हैं।"

कुछ ही समय बाद कोलकाता और धनबाद के हमारे मेहमान होटल ब्रॉडवे के मुख्य द्वार पर थे।

मनोज बाबू के युवा बिग्रेड इनको सीधे होटल के ग्राउंड फ्लोर के नीचे बने उसी हॉल में ले आए।

सभी के माथे पर था - बाबा भोलेनाथ का आशीर्वाद सूचक पीले रंग का त्रिपुंड।

एक हाथ में भींगे वस्त्रों की पोटली और दूसरे में प्रसाद का थैला लिए, घरेलु परिधान में हमारे सभी मेहमान उस हॉल में सासाराम के सजे-संवरे मेजबानों के सामने हक्के-बक्के से खड़े थे।

आपसी परिचय का आदान-प्रदान और असंगत परिधान के कश्मकश के बीच उलझे हमारे ये मेहमान, शायद असहज महसूस कर सोच रहे होंगे -

"हमें तो 'गेट-टुगेदर है' कहके बुलाया गया और यहाँ तो कोई और ही फिल्म चल रही है।"

"इसको क्यों नहीं भेजे पापा ?" कहानी के इस अध्याय का इसके आगे का वर्णन मैं क्या करूँ ? यहाँ से आगे की कहानी की पटकथा में मेरे "नहीं प्रोटोकॉल" को मनोज बाबू ने पूरी तरह बदल डाला था।

मैंने मनोज बाबू से पूछा भी था - "ये क्या कर दिया आपने मनोज बाबू ?

"सर ! मैंने कुछ नहीं किया। ये सारा किया-धरा चुन्नू बाबू का है। मैंने उनको बोला था आपके बारे में कि भाई ! सर बड़े गंभीर व्यक्ति हैं, उनकी बातों को हल्के में मत लीजिये।"

"लेकिन मेरी बात सुनता कौन है ? अब जबाब मुझे देना पड़ रहा है। ये सब चुन्नू बाबू ने अपने मन से रातों-रात किया है" - मनोज बाबू एक ही साँस में इस तरह कहे जा रहे थे कि मुझे कोई पूरक प्रश्न पूछने का अवसर ही नहीं मिला।

परन्तु, कुछ प्रश्न के उत्तर खोजने नहीं पड़ते, वे हमेशा सच रहते हैं - सबके सामने।

आइये ! वो कुछ सच देखते हैं -

मैं और मेरी पम्मी उस दिन बहुत खुश थे - बहुत ही ज्यादा खुश।

क्रीम कलर की सलवार-सूट एवं माथे पर लाल रंग की चुनरी में हमारी शिवानी और वाइन कलर के शर्ट एवं क्रीम कलर के पैंट में बेटा यशस्वी की जोड़ी अत्यंत ही मनोहर और आकर्षक दिख रही थी।

दोनों के माथे पर लाल रंग का तिलक एक अलौकिक आभा बिखेर रहा था।

सभी सम्मानित मेहमानों एवं मेजवानों की उपस्थिति के बीच, सासाराम के पंडितजी श्री मुन्ना शुक्ला जी के मंत्रोच्चार और आशीर्वचनों के साथ, यशस्वी और शिवानी के विवाह-पूर्व अंगूठी की रस्म बड़े ही हर्ष और उल्लास के साथ आनंदमय वातावरण में संपन्न हुई।

होटल ब्रॉडवे का गेट-टुगेदर आयोजन - बेटा यशस्वी और हमारी सुंतुर-शिवानी के रिंग सेरेमनी का कभी न भूलने वाला एक यादगार स्थल बन गया था।

राधा कृष्ण मंदिर शिवपुरी, पटना के पंडितजी श्री बाल मुकुंद कौशिक जी के द्वारा सुझाए हुए शादी के छह शुभ तिथियों में से एक तिथि गुरुवार 30 अप्रैल, 2026 का दिन, यशस्वी-शिवानी की शादी के दिन के लिए तय हो गया।

चार दिन पहले रविवार 26 अप्रैल, 2026 को मनोज बाबू अपने स्वजनों के साथ एक बार फिर बमौरा पधारेंगे - यशस्वी के शुभ तिलकोत्सव के लिए।

बेटा यशस्वी 18 नवम्बर की रात में ही पुणे होकर संगमनेर की वापसी यात्रा के लिए लाल बहादुर शास्त्री अंतरराष्ट्रीय हवाई अड्डा के लिए प्रस्थान कर चुका था।

होटल ब्रॉडवे में रात्रि विश्राम के बाद अगली सुबह से हमारे सभी सम्मानित मेहमानों का बाबा विश्वनाथ की नगरी वाराणसी से अपने-अपने गंतव्य के लिए प्रस्थान होना शुरू हो गया था।

बाबा विश्वनाथ और माँ गंगे आयुष्मान यशस्वी और आयुष्मती शिवानी के साथ ही हमारे सभी मेहमानों की मनोकामना पूर्ण करें।

बोलिये प्रेम से -

नमः पार्वती-पतये ! हर हर हर महादेव !!

****

8

तैयारी बारात की

जब आप अपने बेटे की बारात की तैयारी शुरू करेंगे, तो उसके पहले जो कार्यक्रम पूर्ण हुए रहेंगे, उसका क्रम इस प्रकार से होगा -

लड़की पक्ष के परिवार से बातचीत प्रारम्भ,

दोनों परिवार के बीच प्रारंभिक स्तर की आपसी समझ और सहमति,

दहेज जैसे जटिल मुद्दे पर आपसी समझ की संतुष्टि,

एक-दूसरे के लड़का-लड़की को परिवार द्वारा देखना,

दोनों पक्षों की पसंद पूरी,

शादी की तिथि निर्धारित।

शादी की तिथि के साथ ही अंगूठी-रस्म और तिलक की तिथि का भी निर्धारण हो जाता है।

और तब बारात की तैयारी।

बारात की तैयारी के बीच ही बारी आती है - अंगूठी रस्म और तिलकोत्सव।

और फिर ग्रैंड शुभ विवाह।

ग्रैंड शुभ-विवाह के बाद भी एक विशेष कार्यक्रम बचा रहता है।

ऊपर जितने भी कार्यक्रम का क्रम मैंने गिनाया - वे सब तो एक ही बार करने होते हैं।

पर, यह विशेष कार्यक्रम तो ग्रैंड शादी के बाद जीवन पर्यन्त होते रहते हैं।

इसको अलग-अलग नामों से जाना जाता है -

सनेस - सन्देश - शगुन - नेग -प्रसाद या और भी कुछ।

नाम चाहे कुछ भी हो, इन सबों में सबसे लोकप्रिय सन्देश है - मकरसंक्रांति में तिल-गुड़-चूरा का सन्देश।

जितने भी पर्व-त्यौहार होंगे - दुल्हन के मायके से आने वाले सन्देश की आस सबसे ज्यादा बेटी को ही रहती है।

पहले के समय में, मायके से आने वाले सन्देश के बहाने बिटिया या बहना से मिलने का एक मौका भी रहता होगा।

हाँ ! तो बात हो रही थी - बेटे के बारात की तैयारी के पहले और उसके बाद के कार्यक्रम के क्रम की। किस कार्यक्रम के बाद कौन सा कार्यक्रम ?

तो यशस्वी-शिवानी की शादी के कार्यक्रमों का क्रम उलट-पलट हो गया है। जानकारी सबों को है, पर मैं इसे पटल पर रख दूँ।

शादी तय हो गई, अंगूठी-रस्म हो गई, तिथि निर्धारित हो गई - और मैं, पम्मी और बेटा शानु ; तीनों चले अहमदाबाद - लड़की देखने।

अभिभावक के देखे बिना ही शादी कैसे ?

अब छूट गया था, तो अब कर लेते हैं। रस्म तो रस्म है - करना चाहिए।

03 जनवरी, 2026 को हम तीनों शिवानी के अहमदाबाद वाले रेंटल फ्लैट पर थे, जहाँ वह नागपुर की अपने रूममेट दोस्त दीक्षिता के साथ थी।

हम तो मनोज बाबू और समधिनी मैडम को भी आने के लिए कहे थे। पर वे सरकारी मुलाजिम के छुट्टी की दिक्कत के कारण टाल दिए।

यहाँ पर एक और क्रम का उलट-पलट हो रहा था।

शुभ-विवाह के बाद जो "सनेस" या "सन्देश" का सिलसिला शुरू होना होता है, वह पहले ही हो रहा था।

हमलोग शिवानी के पास उसके लिए मकरसंक्रांति का तिल-गुड़-चूरा का सनेस लेकर पहुंचे थे।

"अरे भाई ! ये सनेस तो बेटी के मायके से आता है ?" - आप में से कोई पूछेंगे ?

भाई ! उधर छुट्टी की समस्या थी, तो हमलोग इधर-उधर नहीं सोचकर, केवल शिवानी के मकरसंक्रांति सनेस की बात सोचकर खुद ही आ गए।

मैंने मनोज बाबू को कॉल लगा कर उन्हें थोड़ा चिढ़ाया -

"ये आपकी जबाबदेही थी मनोज बाबू ! बिटिया के लिए तिलासंक्रांति का सन्देश लाने का।"

मनोज बाबू अपने चिर-परिचित अंदाज में बोले - "सर ! बहुत अच्छा लग रहा है आप लोगों को वहां देखकर।"

समधिनी मैडम पम्मी से पूछ रही थीं - "खाना कैसी बनाई है शिवानी ? सुबह से ही आपलोगों के लिए खाना में लगी हुई है।"

शिवानी और उसकी दोस्त दीक्षिता हमलोगों को बड़े ही स्वागत भाव से खाना खिला रही थीं।

मैंने डाइनिंग टेबल पर सबके साथ खाते हुए का एक सेल्फी मनोज बाबू को भेज दिया।

हमलोग दो दिन अहमदाबाद में थे और रात्रि विश्राम के लिए हमने एक बढ़िया-सा होटल लिया हुआ था।

दोनों दिन शिवानी बिटिया के साथ अहमदाबाद में हमलोग खूब घूमे।

अहमदाबाद के मशहूर आउटलेट में_

ढोकला - गाठिया - खांडवी का सुबह के नाश्ते से लेकर_

लंच - शिवानी के शांतिग्राम वाले फ्लैट पर, शिवानी के हाथ की_

फिर अहमदाबाद की सड़कों पर उबर कैब की सवारी_

साबरमती रिवर फ्रंट पर फूलों की अंतर्राष्ट्रीय प्रदर्शनी में घंटों तक भ्रमण_

या फिर अक्षरधाम मंदिर के बृहत परिसर में पैदल घूमते हुए प्रभु दर्शन_

हर यात्रा में शिवानी हमारे साथ थी।

हमलोग खूब लड़की देखे !

बिना ये पूछे कि - "क्या नाम है ? कहाँ तक पढ़ी हो ?"

"घर में कौन- कौन हैं ? क्या हॉबी है तुम्हारी ?"

"आगे इसी जॉब में रहना है या कोई स्विच करना है ?"

कुछ पूछने-सुनने के लिए अब कुछ बचा भी तो नहीं था !

विदाई में पम्मी को अडानी ग्रुप के एक मशहूर स्नैक्स आउटलेट से ढेर सारी चटपटी चीजें भेंटकर शिवानी ने मनोज बाबू का विदाई रस्म भी निभा दिया।

02 जनवरी, 2026 की शाम, यशस्वी के बैंक के बैचमेट दोस्त अनमोल की "कीया" कार में, हमलोग संगमनेर से थोड़ी दूर एक छोटा शहर - सिन्नर आए थे।

श्री हरी ट्रेवल्स के शिर्डी-अहमदाबाद बस से हमलोग सिन्नर से चलकर अगली सुबह अहमदाबाद पहुँचे थे।

04 जनवरी, 2026 की शाम, इसी श्री हरी ट्रेवल्स की बस से मैं, पम्मी और यशस्वी अहमदाबाद से सिन्नर के लिए वापस लौट रहे थे।

शिवानी से अहमदाबाद में "लड़की देखने परियोजना" के लिए मैं और पम्मी 31 दिसंबर, 2025 को दिल्ली से चलकर नए साल के पहले दिन बेटा यशस्वी के पास संगमनेर पहुंचे थे।

"परियोजना" के आनंदपूर्ण एवं संतोषप्रद समापन के बाद मैं और पम्मी 18 जनवरी, 2026 को वापस लौट आए थे - नोएडा के चेरी काउंटी वाले फ्लैट पर।

अब बारी आने वाली थी - शॉपिंग की।

कपड़े और परिधानों की शॉपिंग। सोने और चाँदी की शॉपिंग।

फिर रायशुमारी का लम्बा दौर भी चला -

चाँदनी चौक मार्केट की शॉपिंग या गौर सिटी मॉल की शॉपिंग ?

मान्यवर से शॉपिंग या मोहनलाल से शॉपिंग ?

चाँदनी चौक मार्केट के अरुण वस्त्र भंडार से शॉपिंग या हनुमान नगर, पटना के हरिभाई से शॉपिंग ?

तनिष्क का गोल्ड या कल्याण का सोना ?

कितना गोल्ड ? कितना चाँदी ?

बहुत ही भावपूर्ण रहता है - ये शादी की तैयारिओं के बीच, शॉपिंग के इन उलझते-सुलझते सवालों के बीच_

आप और आपकी मैडम की नोक-झोंक - जब आप अपने बेटे या बिटिया की शादी की तैयारी के बीच इस क्षण को जीते हैं।

इन नोक-झोंक के बीच आनंद-उल्लास की अनुभूति भी मिलती है - जब आप एक-एक शॉपिंग पूरी करते हुए, अपने शॉपिंग लिस्ट में उस आइटम को सही का टिक मार्क करते चलते हैं।

ऐसे ही एक नोक-झोंक के बीच मैंने अपनी मैडम से बोला था - "क्यों गोल्ड पर इतनी उदास हो जाती हो ?"

"शादी के मंडप में बैठे अपनी शिवानी और अपना शानु को देखो - क्या ये दोनों ऐसे ही चमक नहीं रहे हैं ?"

"इन दोनों की शिक्षा और परिचय को देखो"_

"इन दोनों के मम्मी-पापा की सामाजिक पहचान को देखो"_

"इन दोनों के पारिवारिक पृष्ठभूमि को देखो"_

"इन दोनों के नाते-रिश्तेदारों को देखो"_

"क्या कुछ जरुरत रह जाती है ? क्या कमी रह जाती है - जिन्हें ढ़कने के लिए कुछ और सोने की जरुरत पड़ जाए ?"

पम्मी दिल और दिमाग दोनों से समझ जाती थी - "हाँ कोई जरुरत नहीं।"

सुगमता और सहजता पूर्वक शादी की तैयारी के लिए, BOSCH कंपनी में एच आर मैनेजर शिवानी सिंह अपनी वर्तमान जॉब से ब्रेक लेकर जनवरी 2026 के तीसरे सप्ताह में अहमदाबाद से राँची आ गईं - अपनी नानीजी का घर।

आखिर उसे भी तो अपनी शादी की तैयारी के साथ-साथ, दूल्हा यशस्वी के बारात के स्वागत की तैयारी का प्रबंधन जो देखना है !

फरवरी 2026 के पहले सप्ताह में शिवानी बिटिया शादी की शॉपिंग के लिए पूरे पाँच दिन दिल्ली में थी।

साथ में थे - छोटा भाई रोहित, छोटी बहन शाम्भवी, राँची वाले मौसेरे भाई आदर्श और शिवानी की मम्मीजी भी।

दिल्ली में एक बार फिर से एक छूटे हुए क्रम को पुनर्गठित करने का मुझे अवसर मिल गया।

18 नवम्बर, 2025 को वाराणसी में, जो गेट-टुगेदर कार्यक्रम अपने भव्य और विशाल स्वरुप को प्राप्त हो गया था, आज दिल्ली में वह अपने मूल स्वरुप में हमारे लिए उपलब्ध हो गया।

शिवानी एवं उनके परिवारजनों के पाँच दिनों की दिल्ली प्रवास में हमें पूरे दो दिन पूरी टीम के साथ गेट-टुगेदर का अवसर प्राप्त हुआ।

चाँदनी चौक मार्केट में शॉपिंग से लेकर कनॉट प्लेस के सर्वना भवन में भोजन के बहाने लम्बी बैठक तक - फिर अगले दिन पटेल नगर में उनके होटल, जहाँ पूरी सासाराम टीम का ठहराव था - गेट-टुगेदर के बहाने कई उलझी बातों को सुलझने का मौका मिल गया।

इस बीच वर्ष 2026 के शुरुआती महीनों में कई शुभ अवसर भी आए।

06 फरवरी को यशस्वी के बैंक के बैचमेट दोस्त निशांत की शादी दिल्ली में थी। बेटा यशस्वी दोस्त निशांत की शादी में शामिल था और सासाराम टीम की दिल्ली गेट-टुगेदर में भी।

22 फरवरी को मेरी छोटी बहन शीला की छोटी बेटी मनीषा की डेस्टिनेशन वेडिंग - ऋषिकेश में हमलोग शामिल हुए।

25 फरवरी को मनोज बाबू और उनके भैया प्रोफेसर साहब का सासाराम में एक नए घर का संयुक्त रूप में गृह-प्रवेश संपन्न हुआ।

08 मार्च को प्रोफेसर साहब की ही खुशबू बिटिया का सासाराम में शुभ-विवाह संपन्न हुआ।

11 मार्च को यशस्वी के एक और दोस्त अमित की शादी दिल्ली में ही संपन्न हुई।

यशस्वी दोस्त अमित की शादी में भी शामिल था और चार दिनों के इसी दिल्ली प्रवास में, दूल्हा यशस्वी के परिधानों की शॉपिंग भी उसने पूरी की।

चाँदनी चौक मार्केट की इंडो-वेस्टर्न शेरवानी - संगीत उत्सव के लिए और उसी मार्केट की जोधपुरी शेरवानी - शादी के दिन के लिए।

गौर सिटी मॉल वाली शानु की "मोहन लाल सन्स" वाली हल्दी जैकेट तो लाइव वीडियो कॉल पर सुंतुर के "बहुत अच्छा है - बस ले लो" कहने पर यशस्वी ने भी "हाँ" कही।

दिल्ली में शादी की शॉपिंग हो और मोहन लाल सन्स की शॉपिंग छूट जाए - ऐसा कैसे होगा !

यशस्वी-शिवानी की शादी का निमंत्रण कार्ड भी पूरी तरह मेरी ही पसंद का मिला।

अब यहाँ पर थोड़ी नोक-झोंक कर लूँ - "अरे भाई ! आइये तो ! कुछ तो हाथ बंटाइए !"

सभी देवियो और सज्जनों का सालों पहले का उत्तर तैयार है - "आप किसी को कुछ करने दें, तब न ?"

एक और उत्तर है, वह भी सालों से चल रहा है - "आपको किसी सलाह की क्या जरुरत ? आप तो खुद सर्व-गुण-संपन्न प्रतिभाशाली व्यक्तित्व हैं !"

आइए ! भाई आइए ! सबलोग आइए। यह मेरे बेटे की शादी के साथ-साथ यशस्वी सिंह की भी शादी है।

शादी के निमंत्रण कार्ड की शॉपिंग के लिए मेरे साथ पम्मी भी दिल्ली गई थी।

पर, चावड़ी बाजार के शादी कार्ड गली में एक दुकान के सामने से गुजरते हुए, मेरी नजर लाल रंग के गणपति-बप्पा वाले कार्ड पर पड़ी थी और_

वही कार्ड शानु-सुंतुर के लिए बचपन से बुने मेरे सपने का सच बन गया।

शादी का यह निमंत्रण कार्ड किसी पवित्र मंदिर के सुसज्जित कपाट की भाँति प्रतीत होता है, जिसके बाएँ पट पर विघ्नहर्ता भगवान गणपति का मनोहारी चित्र अंकित है, जो पूरे समारोह को मंगलमय बनाने का आशीर्वाद देता है।

दाएँ पट पर अपने पारंपरिक विवाह-परिधान में सुसज्जित दूल्हा-दुल्हन का मनभावन चित्र है, मानो नवजीवन की ओर अग्रसर इस जोड़े की झलक स्वयं आपको आमंत्रण दे रही हो।

जैसे ही आप इन्हें कोमलता से खोलते हैं, ऐसा प्रतीत होता है मानो किसी शुभ मंगलमय गृह के द्वार आपके स्वागत में खुल रहे हों।

जब इन द्वारों को पूर्णतः खोला जाता है, तब भीतर दो आकर्षक, रंग-बिरंगे पत्र हमारे सम्मुख प्रकट होते हैं।

ऊपरी पत्र पर स्नेहपूर्ण आमंत्रण के शब्द सुसज्जित हैं, जिन्हें यशस्वी के मम्मी-पापा द्वारा भावपूर्ण ढंग से निवेदित किया गया है।

निचले पत्र में विवाह से संबंधित समस्त विवरण सुव्यवस्थित ढंग से प्रस्तुत किया गया है।

दर्शनाभिलाषी में यशस्वी के छोटे पापा-छोटी मम्मी, बड़े भैया-भाभी और छोटा भाई वतन के साथ-साथ नन्ही "सिएटली" - सिया का नाम है।

मन तो मेरा हो रहा था - दो नाम और डाल दूँ - "मेले मम्मी-पापा की शादी में जलूल आना" - यशिवा और शिवाया।

YASHIVA & SHIVAYA

Shivaya & Yashiva

इस शादी निमंत्रण कार्ड के वर्णन को सजीव करने की अभिलाषा ने मुझे और मेरी पम्मी को थोड़ी कलाकारी भी सिखा दी।

हमने इस शादी निमंत्रण कार्ड का एक डिजिटल स्वरुप बनाने की सोचा।

आइए ! देखिये, हमने क्या किया -

मैंने अपने मोबाइल से एक वीडियो शूट किया - जिसमें एक साफ प्रिंटेड बेडशीट पर ताजे फूलों से बने स्वस्तिक आकर के बीच पम्मी अपनी हाथों से इस मनोहारी शादी कार्ड को इसके लिफाफे से बाहर निकालती है।

फिर कार्ड को स्वस्तिक आकर वाले फूलों पर रखते हुए कार्ड के दोनों पटों को पम्मी अपनी हाथों से खोलती है।

भगवान गणपति और शादी के नव-युगल चित्रों वाले दोनों पटों के खुलते ही सामने शादी समारोह में आने का निमंत्रण और कार्यक्रम की दो रंग-बिरंगी पत्र पम्मी के हाथों में आती हैं।

फिर कुछ पल बाद, धीरे से कार्ड के दोनों पटों को मोड़ते हुए पम्मी इसे पुनः लिफाफे के अंदर रखते हुए इस लिफाफे को फूलों से बने स्वस्तिक आकर पर रख देती है।

इस साल रामनवमी का शुभ मुहूर्त 26 मार्च की सुबह 11:48 बजे से शुरू होकर 27 मार्च की सुबह 10:06 बजे तक है।

पम्मी और मैं 27 मार्च की सुबह 9 बजे चेरी काउंटी शिव-मंदिर में, विघ्नहर्ता भगवान गणपति महाराज को "यशस्वी-शिवानी शादी निमंत्रण कार्ड" का प्रथम भेंट करेंगे।

शुक्रवार 17 अप्रैल, 2026 को हमलोग अपने बमौरा आवास पर शादी कार्यक्रम के लिए पहुँचेंगे।

उसी दिन अपनी गृह-कुलदेवी को "यशस्वी-शिवानी शादी निमंत्रण कार्ड" की निमंत्रण-भेंट चढ़ाने के बाद अपने नाते-रिश्तेदारों को निमंत्रण-कार्ड भेंट करेंगे।

15 अप्रैल, 2026 को नई दिल्ली रेलवे स्टेशन से सम्पूर्ण क्रांति एक्सप्रेस में, जब मैं और पम्मी पटना की यात्रा पर, बमौरा आवास पर होने वाले बेटा यशस्वी की तिलक समारोह के लिए निकलेंगे_

तो मन में एक सुखद अहसास होगा कि जब हम वापस दिल्ली लौटेंगे, तब साथ में शानु बेटा के साथ उसकी शिवानी और मम्मी-पापा की सुंतुर भी होगी।

आज 25 मार्च, 2026 है, जब "तैयारी बारात की" का यह अध्याय अपनी पूर्णता को प्राप्त कर रहा है।

25 मार्च, 2026 - चैत्र शुक्ल पक्ष की सप्तमी तिथि - चैती छठ पूजा की उगते सूर्य के अर्ध्य का दिन। कितना सुन्दर संयोग !

छठी मइया का स्मरण, ध्यान और मनवांछित आशीर्वाद की कामना करते हुए, लोक परंपरा में गाए जाने वाले, बहुत ही भक्ति से भरा, छठी मइया का एक गीत गुनगुनाते हैं -

शीतली बयरिआ शीतल दूजे पनिया,
कब देब देवता तू आके दर्शनिया।
जोड़े जोड़े सूपवा आदित देव -
घटवा पे तीवई चढ़ावेले हो,
जल बिच खड़ा होई दर्शन ला -
आसरा लगावेले हो।

****

9

बमौरा में ही तिलकोत्सव

"तिलक समारोह के दिन क्या करना है मनोज बाबू ? कैसे और किस समय आएंगे आपलोग ?"- ये सवाल मैंने मनोज बाबू से वाराणसी के होटल ब्रॉडवे में तब पूछा था_

जब यशस्वी-शिवानी के अंगूठी-रस्म के बाद हुए गेट-टुगेदर कार्यक्रम के दौरान, मैं सासाराम के मेजबानों का अपने मेहमानों से परिचय करा रहा था।

मनोज बाबू ने प्रोफेसर साहब की तरफ इशारा करते हुए कहा - "भैया से पूछ लीजिये सर ! वे अच्छे से बता देंगे।"

सच में, प्रोफेसर साहब बहुत बढ़िया से बताए -

"सर ! हमलोग तीस से चालीस की संख्या में, 26 अप्रैल को निजी वाहन से चलकर दिन में ग्यारह-साढ़े ग्यारह बजे तक आपके घर पहुँच जाएंगे"__

"पहले सब लोग स्नान करेंगे, फिर गरमा-गरम चावल, दाल, हल्की सब्जी - ज्यादा तामझाम नहीं करना है, बस।"

"उसके बाद सबके सब आराम करेंगे। शाम में शुभ-तिलक के बाद हमलोग वापसी यात्रा शुरू करेंगे और अगली सुबह के पहले सासाराम पहुँच जाएंगे।"

26 अप्रैल, 2026 को बमौरा के हमारे "यशोदा-नरेश" आवास पर तिलकोत्सव के दिन ही प्रातः में श्री सत्य नारायण भगवान की पूजा भी निर्धारित है।

घर में विवाह के इस पावन उत्सव के बहाने हमारी नन्ही "सिया", हमारी "सिएटली", हमारे घर की पहली पोती-बिटिया अमेरिका से आ रही है - घर की रौनक में चार चाँद लगाने।

कन्हैया और गुड्डू - दो भाई हैं हमारे गाँव के।

दोनों दिल्ली में रहते हैं।

इनके पिताजी हमारे आदरणीय रामेश्वर भैया हैं।

इनके बमौरा वाले हवेलीनुमा आवासीय परिसर में सासाराम के सभी मेहमान के रुकने की व्यवस्था की गई है।

प्रोफेसर साहब ने भले ही शाम तक सासाराम के लिए प्रस्थान करने की बात की है, पर इस परिसर में रात्रि विश्राम की पूरी व्यवस्था है।

यदि हमारे मेहमान यहाँ रात्रि विश्राम का निर्णय करते हैं, तो उन्हें सुखद अहसास ही प्राप्त होगा।

प्रोफेसर साहब ने आते ही स्नान की भी इच्छा व्यक्त की है। उक्त परिसर में स्नान के लिए सीधे बोरिंग के जल का प्रबंधन किया हुआ है।

गर्मी का महीना, 250 किलोमीटर की सड़क मार्ग से यात्रा की थकान और ऐसे में निजी और सुरक्षित परिसर के अंदर बिजली बोरिंग के तीन इंच वाले पाइप द्वारा माथे के ऊपर से ताजे पानी का शॉवर - ये स्नान शाही स्नान का सुख देने वाला होता है।

बेटा यशस्वी का तिलकोत्सव - यह केवल एक पारम्परिक रस्म नहीं, बल्कि एक पिता के अंदर की कविता-कहानी के छूटे हुए पन्नों का फिर से मिल जाने का वह क्षण है, जहाँ मेरे अंदर का लेखक उस पन्ने को फिर से छुपा लेना चाहता है।

यहाँ मुझे अपने प्रिय मित्र सुनील जी की याद आ रही है - नोएडा वाले सुनील जी।

वे मेरे अत्यंत प्रिय हैं। अब यदि मैं उनके बारे में अधिक कहने लगूँ, तो मेरे पुराने मित्र शायद आपस में चर्चा कर बैठें - "अब ये कौन, कहाँ से आ गए भाई ?"

सुनील जी के बेटे प्रिय अमित की शादी का वह तिलक उत्सव आज भी मेरी स्मृतियों में जीवंत है।

उस दिन मैं और पम्मी, हम दोनों, मेहमानों की भीड़ में चुपचाप एक ओर बैठे थे।

हमारे ऊपर कोई जिम्मेदारी नहीं थी, कोई दौड़-भाग नहीं थी।

हम केवल देख नहीं रहे थे, हम उस क्षण को जी भी रहे थे।

तिलक की हर रस्म, हर परंपरा, हर छोटी-सी क्रिया—हम उसे पूरी एकाग्रता से महसूस कर रहे थे।

उस समय न हमें यह चिंता थी कि कौन मेहमान आया है, कौन कहाँ बैठा है, किसने भोजन किया या नहीं।

ये तिलक रस्म के हर लम्हों को महसूस करने का जो सुख हम वहाँ जी रहे थे, सुनील जी को कहाँ प्राप्त ?

क्योंकि उसी समय, सुनील जी एक पिता के रूप में, शायद अनेक चिंताओं से घिरे हुए होंगे।

हर अतिथि का ध्यान, हर व्यवस्था की चिंता के बीच उनका मन बँटा हुआ होगा।

उस दिन मैंने पाया कि बेटे का पिता केवल आयोजन का संचालक ही न बने, बल्कि उस क्षण का पूर्ण सहभागी भी बने।

जीवन में ऐसे अवसर बार-बार कहाँ आते, जिन्हें जी कर फिर जीवन भर उसे संजोया जा सके ?

आज जब मैं बेटा यशस्वी के तिलकोत्सव की तैयारी में हूँ, तो एक पिता के रूप में मेरे मन में वही स्वाभाविक चिंताएँ आती हैं -

"सब कुछ ठीक से संपन्न हो जाए, कहीं कोई कमी न रह जाए, हर अतिथि संतुष्ट रहे, और यह आयोजन गरिमा के साथ सम्पन्न हो जाए।"

देखता हूँ ! उस दिन - 26 अप्रैल को, चाहे जितनी भी व्यस्तता क्यों न हो, मैं कुछ क्षण अपने और बेटा शानु के लिए निकाल ही लूँ।

शायद इसीलिए मैंने अपने छोटे भाई को बोल भी दिया है - "देखो ललन ! बमौरा के तिलक-आयोजन का सारा जिम्मा तुम्हारा।"

मेरी याद में, मेरे घर की जो पहली शादी अभी भी बसी हुई है, वह है मेरी बड़ी दीदी - मंजू दीदी की शादी।

उस समय मैं बहुत ही छोटा था। उम्र रही होगी लगभग दस साल।

समझ भले ही कम रही होगी, पर उत्साह तो अपने चरम पर थी।

घर की बनावट अलग थी, पर परिसर तो यही था। पीछे बड़ा सा आँगन हुआ करता था - एक संयुक्त आँगन।

सभी शादियां इसी आँगन में होती थी। आँगन के बीचोंबीच शादी का मंडप बनता था।

मंजू दीदी की शादी भी इसी आँगन में बने मंडप में हुई थी।

जैसे ही दूर सड़क के कोने से कोई ताँगा या रिक्शा दिखाई देता, हमें पहले से पता होता था कि कौन-कौन आने वाले हैं।

हम दूर से ही घर की तरफ आते रिक्शे या तांगा पर बैठे लोगों को पहचानने की बाजी लगाते, अनुमान लगाते कि -"कौन होगा?"

फिर दौड़ पड़ते घर के भीतर माँ के पास - हाँफते हुए माँ को सबसे पहले बताते थे - "माँ, फूआ आ गईं !"

थोड़ी देर में घर में भीड़ लग जाती - गाँव के दौड़ने वाले बच्चों से लेकर बड़े-बुजुर्गों तक।

घर की शादी में मेहमानों का एक-एक कर आना - यह पूजा के प्रारम्भ में पंडितजी द्वारा सर्वप्रथम पढ़े जाने वाले पवित्रीकरण मंत्र जैसा है -

"ॐ अपवित्रः पवित्रो वा सर्वावस्थां गतोऽपि वा।
यः स्मरेत् पुण्डरीकाक्षं स बाह्याभ्यन्तरः शुचिः॥"

इस मंत्र का अर्थ होता है - "व्यक्ति चाहे कितना भी अपवित्र क्यों न हो, किसी भी अवस्था में क्यों न हो, यदि वह भगवान विष्णु का स्मरण मात्र करे तो वह अंदर और बाहर दोनों रूप में शुद्ध हो जाता है।"

मेहमानों के हर आगमन के साथ घर थोड़ा और शुद्ध हो जाता है - और मन तो थोड़ा और !

लोग कहेंगे - "जमाना बदल गया है।"

मैं तो कहूंगा - "हम बदल गए हैं।"

आज जब मेरा शानु अपनी सुंतुर को ले आने रांची के लिए प्रस्थान करेगा, तो उसकी माँ, बुआ, भाभी उसे घर से विदा नहीं करेंगे। सब उसके साथ ही चल चलेंगे।

जब बेटा रांची से हमारे घर में हमारी सुंतुर को सात फेरे के बाद विदा करा लाएगा, तो उनके स्वागत में जिनको द्वार पर प्रज्वलित दीप के साथ खड़ा होना है, वे सब उनके साथ ही रहेंगे - पूरे रास्ते।

कब बदलेगा ये सब ? कौन बदलेगा ये सब ?

26 अप्रैल, 2026 - रविवार का दिन। यशस्वी के तिलकोत्सव का दिन।

बमौरा के हमारे "यशोदा-नरेश" आवासीय परिसर में जब मनोज बाबू और उनकी सासाराम, रांची एवं जमशेदपुर की पूरी टीम बेटा यशस्वी के तिलकोत्सव में हमारे मुख्य अतिथि होंगे_

उस शुभ दिन के पहले ही मेरी इस किताब - "**इसको क्यों नहीं भेजे पापा ?**" का प्रकाशन हो चुका होगा।

मैं और मेरी पम्मी 15 अप्रैल, 2026 को नोएडा से चलकर 16 अप्रैल की सुबह पटना के नंदन टावर वाले आवास पर पहुँचेंगे।

17 अप्रैल को हमलोग अपने बमौरा आवास पर आएंगे।

17 अप्रैल, 2026 को शुक्रवार है - हमारी गृह-कुलदेवी का दिन। इसी दिन हम अपनी कुलदेवी को यशस्वी-शिवानी की शुभ-विवाह का निमंत्रण-कार्ड सौंपेंगे।

बेटा अपूर्व और बहु श्रुतकृति अपनी नन्ही सिया सुकुमारी के साथ लन्दन के रास्ते दिल्ली होते हुए 19 अप्रैल को पटना पहुँचेंगे।

19 अप्रैल की रात में ही, बेटा वतन को बेंगलुरु-पटना फ्लाइट से पटना पहुंचना है।

दूल्हा यशस्वी 24 अप्रैल को संगमनेर से चलकर पुणे-पटना फ्लाइट से उसी रात पटना पहुँचेंगे।

तिलकोत्सव से एक दिन पहले 25 अप्रैल, 2026 को यशस्वी बमौरा आवास पर अपने पूरे परिवारजनों के साथ पूर्णता के साथ जुड़ जाएगा -

26 अप्रैल के तिलकोत्सव के लिए,

30 अप्रैल के राँची की डेस्टिनेशन वेडिंग के लिए और_

01 मई, 2026 के बमौरा में वर-वधु गृह-आगमन एवं अपनी गृह-कुलदेवी के दर्शन और आशीर्वाद के लिए।

मनोज बाबू अपने सात भाईयों के परिवार में, वर्तमान में पाँच भाईयों के संयुक्त परिवार का हिस्सा हैं।

इनका सासाराम के स्थानीय मार्गों पर संचालित सार्वजनिक परिवहन बसों का संयुक्त पारिवारिक व्यवसाय भी है।

26 अप्रैल, 2026 को सासाराम के अतिथिगण जब बमौरा पहुंचेंगे, तो एक-दो छोटी गाड़ी के अलावे इनकी एक बस भी आएगी।

दस-बारह छोटी गाड़ियाँ तो रामेश्वर भैया के परिसर में आ जाएगी।

पर, ये बड़ी वाली बस - यह किधर पार्क होगी ? क्या घर से तीन सौ मीटर दूर मेन रोड पर ?"

ऐसी ही बातों में लोग मुझे कहते हैं - "आप हर बात में चिंतित हो जाते हैं।"

पर अभी तक ये बात किसी ने उठाई नहीं है, मनोज बाबू ने भी नहीं। चलिए ! मैं भी चुप रहता हूँ।

कौन-कौन आ रहे हैं शादी में ? किसको-किसको बुलाना है ? कौन आए - कौन नहीं आए ? किसको मनाना है - किसको नहीं ?

किसी भी शादी वाले घर में हमेशा ये विवादास्पद समीकरण रहा है। इसकी एक नई परंपरा शुरू होनी चाहिए।

"हम आ रहे हैं जी" - ये हो, तो कितना मनभावन होगा।

मैंने समधी साहब को कहा है - "मनोज बाबू ! शाम्भवी और रोहित की शादी सासाराम में हो या डेस्टिनेशन में, हम आ रहे हैं - देख-रेख हमारे जिम्मे रहना चाहिए।"

कण कण में भगवान, कण कण में राम।

बमौरा में तिलकोत्सव से लेकर रांची के डेस्टिनेशन वेडिंग और फिर वर-वधु के वापस गृह-आगमन तक हमारे जितने भी मेहमान होंगे, उनके भी कण कण में राम हैं।

हृदय की इसी भावना से, उन सभी आने वाले हमारे मेहमानों के सम्मान में एक मनभावन गीत की कुछ पंक्तियाँ याद आ रही है।

आप भी आनंदपूर्वक सुनिए -

आज गली गली अवध सजाएंगे,
आज पग पग पलक बिछाएंगे,
आज सूखे हुए पेड़ फल जाएंगे,
नैना भीगे भीगे जाएं,
कैसे खुशी ये छुपाएं ,
राम आएंगे।
कुछ समझ न पाएं ,
कहाँ फूल बिछाएं ,
राम आएंगे।

मन पुलकित है।

भावनाओं का प्रवाह चरम पर है।

राम बमौरा पधार रहे हैं।

रांची का शुभ राजश्री रिसोर्ट भी राम की प्रतीक्षा में है।

तो चलिए ! रांची की लिए प्रस्थान करते हैं - राम के स्वागत के लिए।

राम आएंगे।

****

10

हम आपके हैं कौन ?

29 अप्रैल, 2026, समय - सुबह 7 बजे। स्थान - राँची का रेलवे स्टेशन। लगभग इसी समय पर, इस्लामपुर - हटिआ एक्सप्रेस ट्रेन से यशस्वी की बारात का मुख्य जत्था 28 अप्रैल, 2026 की रात पटना रेलवे स्टेशन से चलकर राँची जंक्शन पर उतर चुका होगा।

यशस्वी के साथ इस ट्रेन से पटना से आने वाले जो बाराती होंगे - आइए ! उनकी गिनती करते हैं -

यशस्वी के मामा, मामी, उनकी दो प्यारी बेटियाँ - ईशा और अक्षिका।

यशस्वी के हाजीपुर वाले नीलेश मामा, मामी, नानीजी एवं नीलेश मामा के दो बेटे - स्नेहिल और प्रतीक।

यशस्वी के कोलकाता वाले मौसा, मौसी, उनकी बेटी - लावण्या।

यशस्वी के पटना वाले मौसा, मौसी, उनकी बेटी - दृष्टि सिंह।

यशस्वी की बड़ी फुआ, बड़े फूफा, उनका बेटा और पोती - घुंघरू।

यशस्वी की छोटी फुआ, छोटे फूफा, उनका बेटा - अनमोल।

यशस्वी के छोटे पापा, छोटी मम्मी, भैया, भाभी और छोटा भाई - वतन।

मैं - पापा दि ग्रेट और शानु की ऑल टाइम ग्रेट मम्मी - मेरी मैडम इला सिंह।

और आखिरी में एक काउंट और -

अमेरिका से इस शादी को देखने आ रही - अपूर्व की नौ महीने की उसकी बिटिया - सिया।

वैसे तो इस बारात में लगभग सौ लोग होंगे, जिनके लिए रांची - "डेस्टिनेशन वेडिंग" स्थल होगा।

पहले इसे चार ग्रुप में समझते हैं -

एक ग्रुप : दूल्हा यशस्वी का दोस्त - 20,

दूसरा ग्रुप : हमारे नाते-रिश्तेदार -30,

तीसरा ग्रुप : मेरा और मेरी मैडम की फ्रेंड सर्किल - लगभग 25,

चौथा ग्रुप : दूल्हा यशस्वी के साथ हमारा 9 लोगों का मूल परिवार।

इसके अलावे राँची शहर से लगभग 20 अन्य लोग होंगे, जो हमारे रिश्तेदार हैं, दोस्त हैं और राँची में बसे हुए हैं।

मेरी मैडम और मेरे फ्रेंड्स सर्किल से जो अतिथि रांची आने वाले हैं - वे नोएडा, अमृतसर, कोलकाता, चंडीगढ़, नागपुर, रिहन्द और पटना से होंगे।

यशस्वी के स्कूल, कॉलेज और सेंट्रल बैंक के दोस्तों की सूची में जिन अतिथियों के नाम हैं - वे पटना, दिल्ली, नागपुर, पुणे, जम्मू, उदयपुर, प्रयागराज और संगमनेर से आ रहे हैं।

यशस्वी की छोटी मौसी की परिवार को धनबाद से आना है। वे 29 अप्रैल, 2026 को दोपर 1:15 बजे हावड़ा - राँची शताब्दी एक्सप्रेस से राँची जंक्शन पहुंचेंगे। वैसे उनका मन हो गया, तो उनकी नई ब्लैक ब्यूटी क्रेटा तो है ही !

राँची शहर से 7 किलोमीटर दूर बिरसा मुंडा एयरपोर्ट पर हमारे कौन गेस्ट किस दिन और कब उतरेंगे - ये अभी हमें नहीं पता।

वैसे 29 अप्रैल, 2026 आते-आते यह पूरी तरह से तय हो जाना है कि 29 अप्रैल या फिर 30 अप्रैल को रांची रेलवे स्टेशन या राँची एयरपोर्ट पर जब अलग-अलग समय पर हमारे गेस्ट उतरेंगे_

तो वहां से हमारे सभी सम्मानित अतिथिगण उनके लिए निर्धारित विश्राम-स्थल तक कैसे पहुँचेंगे !

पर मैं आपको अभी बता देता हूँ कि वैसा कुछ नहीं होगा - जो पहले से तय किया जाएगा। अपने बिहार में ऐसा कब हुआ है, जो उस दिन हो जाएगा ?

वह भी शादी जैसे अवसर पर, जहाँ पहले से तय किया हुआ प्रारूप अचानक से बदल जाता है। फिर ये भी कहा जाता है - "अच्छा क्या कीजिएगा - बड़े आयोजन में ऐसी छोटी-मोटी बातें हो ही जाती है।"

सुनिए ! मैं बताता हूँ - उस दिन क्या होगा, जो पहले से तय नहीं होगा ?

कुछ गेस्ट ट्रेन या प्लेन से उतरने के बाद - बाहर निकलते हुए ओला - उबर बुक कर लेंगे।

दोनों वाहन एक साथ उपलब्ध होने पर आपा-धापी होगी - "अरे कोई दिक्कत नहीं है, एक ही बात है - इसी से चलते हैं - कैब ये क्या आ गई।"

ये भी होगा कि - एक ग्रुप का एक ट्रॉली एक वाहन में और दूसरा ट्रॉली दूसरे वाहन में।

एक सज्जन बोलेंगे - "सामान जाने दीजिये उसमें, हमलोग इसमें चलते हैं।"

कोई गेस्ट राँची रेलवे स्टेशन के पार्किंग एरिया में आने के बाद गूगल सर्च करेंगे - "कितना दूर है यहाँ से शुभ राजश्री रिसोर्ट ?"

ये भी होगा कि कोई गेस्ट के पास रांची के रिश्तेदार का वाहन ही आ जाए और वे सीधे अपने रिश्तेदार के यहाँ पहुँच जाएं।

कोई गेस्ट कह सकते है - "हम आते हैं बाद में।" इन सबके अलावा कुछ और भी अलग हो सकता है।

वैसे अतिथि, जो सड़क मार्ग से अपने निजी वाहन से राँची आने की सोच रखे हैं - उनका जी पी एस तो शुरू से ही नियत स्थल के लिए निर्धारित रहेगा।

ऐसे अतिथि कौन होंगे, ये तो वही जानें।

अंततः यशस्वी की बारात में चारों दिशाओं से आए हमारे सभी सम्मानित अतिथिगण, जब 29 अप्रैल, 2026 को यशस्वी-शिवानी के डेस्टिनेशन वेडिंग स्थल - "शुभ राजश्री रिसोर्ट" पहुँचेंगे, तो हमारे परिवार के लिए वह एक अनोखा उपहार होगा।

29 अप्रैल, 2026 का दिन और इसकी शाम वैसे तो दूल्हा-दुल्हन के लिए हल्दी और मेहंदी-संगीत का होगा_

पर हमें मालूम है की हमारे सभी अतिथि यशस्वी के जीवन के इस पल को उसके साथ अपनी आँखों से देखने की प्रतीक्षा बहुत ही संजीदगी से करते आ रहे हैं और अलग-अलग ढ़ंग से भी।

मेरी मैडम और मेरे लिए ये एक-एक क्षण गौरव पाने का होगा, जिसे हम शब्दों में कभी व्यक्त नहीं कर पाएंगे।

हल्दी और मेहंदी-संगीत की रंगारंग शाम में और इसके अगले दिन शुभ शादी में आपके अलावे और कौन-कौन मेहमान होंगे, जो महफिल की खूबसूरती में चार चाँद लगाएगें - चलिए ! उनका परिचय करा दें।

दूल्हा यशस्वी का दोस्त :

स्कूल फ्रेंड्स - अर्पण, मार्गेश और सुमेघ। अर्पण पटना से और मार्गेश एवं सुमेघ नागपुर से हैं। अर्पण नर्सरी से सातवीं तक, मार्गेश आठवीं से दसवीं तक यशस्वी के साथ था और सुमेघ ग्यारहवीं और बारहवीं में।

एन बी एन सिंहगढ़ कॉलेज, पुणे के दोस्त - प्रतीक, अभिषेक, एक और अभिषेक, पंचलाल और ऊर्जा।

उदयपुर के प्रतीक की शादी पिछले साल नागपुर की सिमरन से हुई है।

एक अभिषेक प्रयागराज के हैं और दूसरा अभिषेक वैसे बिहार के सहरसा जिले से हैं, पर दिल्ली वासी हैं।

दोनों अभिषेक फिलहाल सिंगल हैं। इतना बता ही दिया, तो ये भी बता देने में कुछ हर्ज नहीं कि दोनों राजपूत हैं।

पंचलाल पुणे से हैं और ऊर्जा भी पुणे में रहती हैं।

दिल्ली कोचिंग का दोस्त अमित - स्टेट बैंक में ऋण अधिकारी के रूप में दिल्ली में कार्यरत। वंशिका इनकी जीवनसाथी हैं। अभी मार्च में इनकी शादी हुई।

सेंट्रल बैंक का दोस्त - अविनाश, निशांत, अनमोल और शांतनु। ये सभी यशस्वी के साथ सेंट्रल बैंक ऑफ इंडिया के वर्ष 2023 बैच के प्रोबेशनरी ऑफिसर हैं।

सेंट्रल बैंक के सहकर्मी दोस्त - ब्रांच मैनेजर चंद्रशेखर राजगुरुनागर जी और ब्रांच स्टाफ अनिरुद्ध।

हमारे नाते-रिश्तेदार :

मंजू दीदी का परिवार : मंजू दीदी हम पाँच भाई-बहन में सबसे बड़ी। हमेशा शांत होकर आपकी बात सुनेंगी। कम बोलेंगी । वैसे दीदी के ससुराल वाले शायद ही इस बात से सहमत हों।

मंजू दीदी की शादी वर्ष 1973 में हुई - समस्तीपुर जिला के रोसड़ा अनुमंडल के एक गाँव - मुरादपुर में एक समृद्ध किसान परिवार के तीन भाइयों के संयुक्त परिवार में सबसे छोटे भाई - आदरणीय श्री ललित सिंह जी से।

जीजाजी उस समय के साइंस ग्रेजुएट हैं - ललित नारायण मिथिला यूनिवर्सिटी दरभंगा से।

मंजू दीदी और मेरे जीजाजी को तीन बड़ी बेटियाँ और एक सबसे छोटा बेटा है।

पप्पी, पिंकी और रिंकी - इन तीन बेटियों में दो - पिंकी और रिंकी अपने परिवार के साथ इसी राँची शहर में रहते हैं।

दोनों दामाद जी - सूरज जी और बबलू जी का अपना बिजनेस है।

क्या संयोग है भाई ! दुल्हन शिवानी सिंह के भी दो मौसा जी हैं - राँची के सूरज जी और जमशेदपुर के बबलू जी। दोनों का भी अपना बिजनेस है।

मंजू दीदी की बड़ी बेटी और मेरी बड़ी भांजी पप्पी का ससुराल दरभंगा जिले में आता है।

अभी पप्पी और दामादजी अपने गाँव की खेती को ठेके पर लगा कर कोचिंग हब कोटा में रेंट के मकान में बच्चों के साथ रहते हैं।

बच्चे कोचिंग जाते हैं और ये दोनों बच्चों की व्यवस्था में लगे रहते हैं।

सुना था इस "पेरेंट्स विथ वार्ड इन कोटा" मॉडल के बारे में। काफी मजबूत दिल चाहिए। हर के वश का ये नहीं है भाई।

यदि आपके परिवार में कोई ऐसे साहसी हैं - तो हाथ खड़े कीजिये प्लीज !

मंजू दीदी का इकलौता बेटा अनिकेत सिंह (पप्पू)। पापा घर पर खेती सँभालते हैं और पप्पू अपने रिंकी दीदी वाले बबलू जीजाजी के साथ बिजनेस पार्टनर है। पप्पू की शादी हो चुकी है।

आप ढूँढ़िये और मिलिये, देखिये कि मंजू दीदी के परिवार से आज इस शादी में कौन आ पाए हैं ?

छोटी बहन शीला का परिवार : शीला हम पाँच भाई-बहन में सबसे छोटी।

वर्ष 1991 में शीला की शादी समस्तीपुर जिला के रोसड़ा अनुमंडल में ही एक गाँव - लगमा के एक तीन भाइयों वाले पिता के पाँच बेटों में दूसरे बेटे - प्रिय राधेश्याम सिंह जी से हुई। राधेश्याम जी को हम सब श्याम जी ही कहते हैं।

श्याम जी शादी के पहले से ही बिहार इलेक्ट्रिसिटी बोर्ड में पटना के कंकड़बाग सब-स्टेशन में कार्यरत रहे और वर्ष 2025 में पटना से ही सुपरवाइजर पद से सेवानिवृत हुए।

शीला की दो बेटियाँ हैं - आयुषी (राखी) और मनीषा।

पटना वीमेंस कॉलेज से वाणिज्य स्नातक और इग्नू से वाणिज्य स्नातकोत्तर आयुषी और दामाद दिवाकर जी दोनों बैंक ऑफ बड़ौदा में अभी सहायक प्रबंधक हैं।

संभवतः जब आप ये कहानी सुन रहे हों - इनका प्रबंधक पद में पदोन्नति हो गया हो। वर्तमान में दोनों दिल्ली में पदस्थापित हैं।

दिवाकर जी छपरा जिले के सोनपुर से हैं। राखी-दिवाकर जी की शादी वर्ष 2020 में हुई और इनका एक चार साल का बेटा अथर्व (टुनमुन) है।

शीला की दूसरी बेटी मनीषा की अभी इसी साल फरवरी में पटना के भारतीय जनता पार्टी के क्षेत्रीय नेताजी श्री विमल प्रकाश जी के सुपत्र प्रिय हर्ष के साथ डेस्टीनेशन वेडिंग - ऋषिकेश में हुई।

इंजीनियरिंग ग्रेजुएट मनीषा अभी भारतीय साधारण बीमा निगम (पुनर्बीमा), मुंबई में सहायक प्रबंधक है। दामाद हर्ष जी मुंबई में ही एक मीडिया कंपनी में कार्यरत हैं।

शीला का बेटा अनमोल - तीन भाई-बहनों में सबसे छोटा और इंजीनियरिंग ग्रेजुएट अभी प्रतियोगिता परीक्षा की तैयारी में है।

मेरे ससुराल का परिवार :

कुणाल सिंह - कुणाल वैशाली जिला के महनार के पास का एक गाँव - बासुदेवपुर मूल के, फिर बाद में पटना के निवासी, मेरे ससुर जी राणा हरिवंश नारायण सिंह और मेरी सासु जी श्रीमती उर्मिला सिंह के पुत्र हैं।

मेरे ससुर जी का ससुराल और मेरी सासु जी का मायका है - वैशाली जिले के ही देसरी - महुआ रोड पर गाँव बहंसी।

अपने पाँच भाई-बहन में कुणाल से बड़ी तीन दीदी - इरा सिंह, इला सिंह और इमा सिंह हैं और कुणाल से छोटी एक बहन इवा सिंह हैं।

मेरी शादी कुणाल की दूसरी दीदी इला सिंह से वर्ष 1991 में हुई। इसी दिन कुणाल की सबसे बड़ी दीदी इरा सिंह की भी शादी हुई थी।

कुणाल के बड़े जीजा जी और मेरे बड़े साढ़ू भैया श्री लाल बाबू सिंह (दीदी इरा सिंह के पतिदेव) मूलतः सीतामढ़ी जिला के ननौरा गाँव से हैं।

वर्तमान में भारतीय रेल से वरिष्ठ यातायात निरीक्षक (लेखा) के पद से वर्ष 2024 में सेवानिवृति के बाद लाल भैया पटना के अपने निजी फ्लैट में रहते हैं।

बड़े साढ़ू लाल भैया के दो संतान में बेटा विनीत एम बी ए करने के बाद अभी दिल्ली में एक प्रकाशन कंपनी में कार्यरत है। बिटिया दृष्टि वर्तमान में एम बी ए की विद्यार्थी है।

कुणाल के दूसरे बड़े जीजा तो मैं ही हूँ। कुणाल के तीसरे बड़े जीजाजी और मेरे साढ़ू भाई निशांत जी (इमा सिंह के पतिदेव) छपरा निवासी हैं।

वर्तमान में निशांत जी "समीर - कोलकाता" में वरिष्ठ लेखा अधिकारी हैं और कोलकाता के अपने निजी आवास में रहते हैं।

यहाँ एक मजेदार घटना सुनाता हूँ।

निशांत जी और इमा सिंह की शादी फाइनल हो गई थी - वर्ष 2003 में। दो-चार दिनों में बारात आने वाली थी।

मेरे ससुराल में जो भी रिश्तेदार आते थे, मैं उनसे पूछता - "लड़का क्या करता है - पता है आपको ?"

उत्तर मिलता था - "समीर में है - कोलकाता में।" मैं फिर आगे पूछता था - "ये समीर क्या है ? क्या होता है समीर ?"

उत्तर में सन्नाटा मिलता - "नहीं पता।"

"अरे भाई ये क्या हुआ ! आप न्योता ले के शादी में आए हैं और लड़का क्या करता है - पता नहीं !"- मैं छोड़ता नहीं था किसी को शांतिपूर्वक।

लोग परेशान हो गए थे - मेरे इस "के वाई सी' अभियान पर। चलिए आप भी अपडेट हो जाइये - क्या है समीर ?

समीर है - "SAMEER" - Society for Applied Microwave Electronics Engineering and Research.

आगे आप गूगल कीजिये - "ए आइ" का जमाना है - या फिर निशांत जी से मिल लीजिए।

अब निशांत जी के परिवार की बात पूरी कर लूँ। निशांत जी और इमा सिंह की दो संतान हैं - बेटा अभिजीत और बिटिया लावण्या।

अभिजीत अभी "वी आई टी चेन्नई" में द्वितीय वर्ष में इंजीनियरिंग की पढाई कर रहा है। लावण्या कोलकाता में अपने मम्मी-पापा के साथ है और बारहवीं की विद्यार्थी है।

कुणाल की छोटी बहन - इवा। इनकी शादी वर्ष 2007 में हुई। इनके पतिदेव और मेरे छोटे साढ़ू भाई नीलेश जी मूलतः भागलपुर जिले के सुल्तानपुर-देवघर रोड पर असरगंज के पास के एक गांव - चकमाडीह के हैं।

नीलेश जी भारतीय रेल में धनबाद में "वरिष्ठ रिजर्वेशन सुपरवाइजर" हैं। वर्तमान में धनबाद के वासी हैं और अपने निजी आवास में रहते हैं।

नीलेश जी और इवा सिंह की भी दो संतान हैं - बेटा आर्यन और बिटिया अनन्या। आर्यन अभी बारहवीं की परीक्षा दे रहा है और अनन्या आठवीं की।

आर्यन और अनन्या की मम्मी इवा सिंह धनबाद के संत जेवियर इंटरनेशनल स्कूल में शिक्षक हैं।

कुणाल जी यशस्वी के मामा जी हैं और इनकी शादी वर्ष 2009 में समस्तीपुर जिला के सतमलपुर गाँव के एक बड़े और लोकप्रिय व्यवसायी परिवार में हुई।

मैडम मोनी सिंह कुणाल की जीवनसाथी हैं। इनकी दो संतान हैं - एक "संत माइकल्स स्कूल, पटना" से दसवीं की बोर्ड परीक्षा दे रही - अक्षि है और दूसरी "इंटरनेशनल स्कूल पटना" की चौथी क्लास की परीक्षा दे रही - अक्षिका।

कुणाल पटना में अपना खुद का व्यवसाय संभाल रहे हैं और अपने मम्मी-पापा और परिवार के साथ पटना के निजी आवास में रहते हैं।

मेरी मैडम के मौसी-मौसा राँची में अपने निजी आवास में रहते हैं। मौसा श्री अनिरुद्ध सिंह झारखण्ड बिजली बोर्ड में जनरल मैनेजर पद से सेवानिवृत हुए हैं।

क्या संयोग है ! दुल्हन शिवानी के भी एक मौसी-मौसा राँची में ही निवास करते हैं। अनिरुद्ध मौसा जी और मौसी जी के लिए राँची का ये डेस्टिनेशन वेडिंग - "होम स्टे" जैसा होगा।

मेरी मैडम के एक फुफेरे भैया हैं, बहंसी वाले राजेश भैया - बिट्स पिलानी से इंजीनियरिंग ग्रेजुएट और इंडियन इंजीनियरिंग सर्विस से भारतीय रेल में ग्रुप - ए अधिकारी के रूप में नियुक्त।

राजेश भैया अभी दो साल पहले भारतीय रेल के पूर्व मध्य अंचल, हाजीपुर से "चीफ सिग्नल एंड टेलीकम्यूनिकेशन इंजीनियर" के पद से सेवानिवृति के बाद पटना मेट्रो रेल में फिर से पदस्थापित हैं।

राजेश भैया की मैडम डॉ. बिंदु सिंह बिहार के पूर्व मुख्यमंत्री स्व. सत्येंद्र नारायण सिंह के परिवार से आती हैं और अभी पिछले साल ही मगध यूनिवर्सिटी, बोधगया से प्रोफेसर पद से सेवानिवृत हुई हैं।

शादी चाहे कहीं भी हो, राजेश भैया और बिंदु भाभी का आगमन कुछ घंटे के लिए हो ही जाता है।

मेरा और मेरी मैडम की फ्रेंड सर्किल :

नोएडा से सुनील जी और वंदना जी :

सुनील जी और वंदना जी बिहार के नवादा से हैं, पर बरसों से ग्रेटर नोएडा वेस्ट के अपने निजी फ्लैट्स में रहते हैं।

ग्रेटर नोएडा अथॉरिटी पार्क में योग गुरु कौशिक जी के फ्री "दैनिक योग कार्यक्रम" में इनसे हमारी दोस्ती हुई।

वर्ष 2023 से शुरू इस दोस्ती में अब "अम्बुजा सीमेंट से बनी है - टूटेगी नहीं" वाली मजबूती आ गई है।

इनके दो बेटे हैं -दीपक और अमित। दिव्या और पूजा इनकी दो बहुएँ हैं। चारों बेटे-बहुएँ एम बी ए की हुई हैं और मल्टीनेशनल कंपनी में कार्यरत हैं।

सुनील जी दिल्ली की एक बड़ी निजी कंपनी में लेखा विभाग के प्रभारी थे। दोनों बेटों ने जिद किया - "छोड़िए जॉब ! घर पर आराम कीजिये, पार्क में योग कीजिये, निरोग रहिये।"

यदि सुनील जी अपने दोनों बेटे की बात नहीं माने होते, तो हमारा इनसे मिलना हो ही नहीं पाता।

अमृतसर से नूरीन :

उम्र तीन साल। ग्रेटर नोएडा वेस्ट के चेरी काउंटी सोसाइटी के आठवें तल पर फ्लैट संख्या 806 में हमलोग रहते हैं और हमारे ठीक सामने फ्लैट संख्या 803 में नूरीन।

अपनी जन्म के शुरुआत के महीने से ही नूरीन हमारे साथ थी। पिछली दिवाली के पहले अपने घर अमृतसर चली गई। अभी दिसंबर में नूरीन से मिलने हमलोग

अमृतसर गए थे।

नूरीन के पापा हैं - संचित गुलाटी और मम्मी हैं - आँचल गुलाटी। संचित एक मल्टीनेशनल कंपनी में कार्यरत हैं। आँचल जी जॉब छोड़कर नूरीन के साथ खेलती-पढ़ती हैं।

अब जब यशस्वी की शादी में नूरीन आ रही है, तो संचित-आँचल को तो आना ही पड़ेगा न !

यूको हाउस कोलकाता से "कृति-कृष्णा-डेजी" :

मेरी मैडम इला सिंह की दोस्त। इनकी अटूट दोस्ती को शब्दों में समझना बहुत ही मुश्किल। इसलिए, मैं आगे बढ़ता हूँ।

कृति जी के पतिदेव - निखिल राज जी, वर्तमान में यूको बैंक में प्रधान कार्यालय में चीफ मैनेजर हैं।

कृष्णा जी के पतिदेव - रामाकांत साहू जी, अभी यूको बैंक में चंडीगढ़ में असिस्टेंट जनरल मैनेजर हैं।

डेजी बहन के पतिदेव - अर्नब बरकाकाती जी, इस समय यूको बैंक में प्रधान कार्यालय में जी एम हैं।

ऐसा नहीं है कि इन तीन महान देवियों की मेरी मैडम इला सिंह से दोस्ती के कारण ही इनके पतिदेव से मेरी दोस्ती हुई है।

निखिल जी, रामाकांत जी और अर्नब जी हमेशा से मेरे काफी दिली दोस्त रहे हैं। अर्नब जी तो प्रधान कार्यालय में मेरे बॉस भी रहे हैं।

रांची वेडिंग में निखिल-कृति जी के साथ उनका पाँच साल का पुत्र "किशु" और एक साल से थोड़ी बड़ी बिटिया "किवा" होंगे।

रामाकांत जी, कृष्णा जी और इनकी तीन साल की बिटिया "काइरा" चंडीगढ़ से पधार रहे हैं।

नागपुर से मीनाक्षी जी और महेंद्र जी :

यूको बैंक में मेरे सात साल के नागपुर प्रवास के दौरान हमारे दोस्त।

मीनाक्षी जी के पतिदेव महेंद्र जी हेल्थ केयर सेक्टर में एक मल्टीनेशनल कंपनी में सीनियर मार्केटिंग मैनेजर के रूप में नागपुर में कार्यरत हैं।

इनके दो संतान हैं - बिटिया वैष्णवी और बेटा कनिष्क। वैष्णवी अभी नागपुर से दसवीं बोर्ड की परीक्षा दे रही है और कनिष्क अभी जूनियर क्लास में है।

मीनाक्षी जी और महेंद्र जी से हमारी दोस्ती की शुरुआत की एक घटना सुनिए।

वर्ष 2011 में मई का महीना था। हमलोग अपूर्व-यशस्वी-वतन के जनेऊ संस्कार के लिए ट्रेन से नागपुर से पटना आ रहे थे। साथ में दोनों भाई यशस्वी और

वतन भी था।

नागपुर में वतन चार साल स्कूल की पढ़ाई और बड़ा भैया अपूर्व अपनी इंजीनियरिंग की पढाई हमारे ही साथ रहकर किया था।

तो चौबीस घंटे की 3 ए सी की यात्रा में प्रतीक्षा सूची के हमारे चार बर्थ में एक ही कन्फर्म हुआ था, जिसपर हमने यशस्वी और वतन को सीधा-उल्टा करके सुला दिया।

फिर काफी देर बाद, जब हम नींद नहीं सह पाए, तो हमदोनों नीचे वाली दोनों बर्थ के बीच में फर्श पर न्यूज पेपर बिछाकर लुढ़क गए।

नीचे वाली इन दोनों बर्थ पर मीनाक्षी जी और महेंद्र जी थे। मीनाक्षी जी की गोद में उनकी छह माह की बिटिया वैष्णवी थी।

जैसा आम बिहारी की सोच होती है - ट्रेन यात्रा में अपने सह-यात्री से थोड़ा एडजस्टमेंट निवेदन करने का।

हमारे पास महेंद्र जी से ऐसा निवेदन करने का कोई बहाना नहीं था। मुझे और इला को ये निवेदन करने आता भी नहीं था।

रात के तीन बज रहे होंगे - जब महेंद्र जी की नींद खुली होगी और वे फर्श पर हमदोनों को लुढ़के हुए देखे होंगे।

महेंद्र जी मुझे जगाते हैं और बोलते हैं - "आप दोनों इस बर्थ पर आ जाइये।"

महेंद्र जी फिर अपने नीचे वाली बर्थ से उठकर मीनाक्षी जी वाली बर्थ के किनारे पर बैठ जाते हैं।

हमदोनों नीचे वाली उस बर्थ पर सीधा-उल्टा लेट जाते हैं और एक लम्बी नींद में चले जाते हैं।

अगले दिन हमदोनों नींद से जगते हैं - बातें निकलती हैं - "आप कौन हैं ? कहाँ रहते हैं ?"

उस समय का इलाहबाद और आज के प्रयागराज में जब वे अपनी यात्रा पूरी कर ट्रेन से उतरते हैं - तबतक हमारी दोस्ती की नींव पड़ चुकी होती है।

रिहन्द से राम बाबू भैया और पुष्पा भाभी जी :

यूको बैंक में आने से पहले जब मैं भारतीय रेल में "असिस्टेंट स्टेशन मास्टर" की सर्विस में आया था, तब जोनल ट्रेनिंग स्कूल, धनबाद के नौ महीने की प्रारंभिक प्रशिक्षण में राम बाबू सिंह मेरे साथ थे और मेरे रूम मेट थे।

राम बाबू जी भले ही मेरे बैच-मेट थे, पर प्यार से मैं उसी समय से इनको भैया बुलाता हूँ।

वर्ष 2023 में मुग़लसराय (आज का दीन दयाल उपाध्याय स्टेशन) मंडल कार्यालय में "डिप्टी चीफ कंट्रोलर" के पद से सेवानिवृति के बाद राम बाबू जी अभी रिहन्द एन टी पी सी के रेल साइडिंग में अपनी विशेष सेवा दे रहे हैं।

छपरा जिले में एकमा के निवासी राम बाबू भैया अपनी श्रीमती - पुष्पा सिंह जी के साथ अभी रिहन्द की पहाड़ी में निवास का आनंद ले रहे हैं।

राम बाबू जी के दो संतान बबली और दीपक में, पुत्र दीपक और पुत्रवधु प्रीति, दोनों एम बी ए करके बेंगलुरु में मल्टीनेशनल कंपनी में कार्यरत हैं।

कोलकाता से बबली और विक्की :

राम बाबू जी के दो संतान में पुत्र दीपक से बड़ी - बिटिया बबली (प्रगति)। बबली और दामाद जी विक्की (विकास सिंह) अपने दो बच्चे आरव और हिया के साथ कोलकाता में रहते हैं।

मैनेजमेंट की मास्टर डिग्री धारक विक्की, सिटी बैंक का जॉब छोड़ने के बाद अब अपनी खुद की इन्वेस्टमेंट कंपनी संभाल रहे हैं।

घर में फ्लावर प्लांट सजाने के शौकीन बबली-विक्की मंच पर एक प्रोफेशनल की तरह अभिनय कला में भी माहिर हैं।

कोलकाता से ही मेरा दोस्त राजेश :

भारतीय रेल में जोनल ट्रेनिंग स्कूल, धनबाद के मेरे "असिस्टेंट स्टेशन मास्टर" की नौ महीने की प्रारंभिक प्रशिक्षण में राम बाबू जी के साथ मेरा एक साथी राजेश भी रहा है।

राजेश कुमार पटना के निवासी हैं और वर्तमान में पूर्व रेल के हावड़ा स्टेशन पर सहायक परिचालन अधिकारी हैं।

हमारे धनबाद वाले बैच में सबसे कम उम्र का बालक - ग्रेजुएशन का रिजल्ट आया नहीं और रेलवे में नियुक्ति मिल गई थी। नतीजा - बैच में सब सेवानिवृत हो गए, ये अभी और सेवा देते नजर आएंगे।

राजेश के साथ मैडम राजेश भी इस शादी में पधार रही हैं।

राजेश का इकलौता पुत्र ईशान, दिल्ली के जे एन यू से इंजीनियरिंग ग्रेजुएट और फिर आई आई टी दिल्ली से मास्टर करने के बाद, अभी इसी साल बेंगलुरु में एक मल्टीनेशनल कंपनी को ज्वाइन किया है।

पटना से मेरा दोस्त अश्विनी और आशा भाभी जी :

अश्विनी कुमार, आई पी एस। भारतीय रेल में धनबाद के मेरे "असिस्टेंट स्टेशन मास्टर" की नौ महीने की प्रारंभिक प्रशिक्षण वाले बैच में राम बाबू जी और राजेश के साथ का बैच-मेट और क्लास मॉनिटर।

कुछ महीने बाद, बिहार पुलिस में बी पी एस सी से "डी एस पी" में नियुक्ति।

कालांतर में आई पी एस में प्रोन्नति के बाद "डी आई जी" पद से वर्ष 2024 में सेवानिवृति और अभी पटना के अपने निजी आवास में निवास।

धनबाद रेल प्रशिक्षण के दौरान - अश्विनी, आशा भाभी, इनका एक साल का पुत्र अंशुल और मैं - माँ वैष्णो देवी की यात्रा पर गए थे।

आज तो अंशुल एक बेटे का पापा भी है।

अंशुल इंजीनियर हैं और अपनी इंजीनियर जीवनसाथी के साथ बैंगलुरु में मल्टीनेशनल कंपनी में कार्यरत हैं।

दूल्हा यशस्वी के साथ हमारा 9 लोगों का मूल परिवार :

दूल्हा यशस्वी सिंह : मेरे घर का दूसरा बड़ा बेटा। मेरा और मेरी मैडम इला सिंह का इकलौता बेटा।

अपूर्व सिंह : नॉन रेजिडेंट इंडियन। मेरे घर का सबसे बड़ा बेटा। ललन और संजू सिंह का बड़ा बेटा। बड़ी बहु श्रुतकृति का जीवनसाथी। सिया का पापा।

नागपुर यूनिवर्सिटी के बाबा रामदेव कॉलेज ऑफ इंजीनियरिंग एंड मैनेजमेंट, नागपुर से कंप्यूटर साइंस में स्नातक।

वर्तमान में अमेरिका के सिएटल सिटी में अमेजॉन कंपनी में सीनियर सॉफ्टवेयर डेवेलॉपर के पद पर कार्यरत।

वतनराज सिंह : हमारे घर का सबसे छोटा बेटा। ललन और संजू सिंह का छोटा बेटा। अपूर्व और यशस्वी का छोटा भाई।

चितकारा यूनिवर्सिटी चंडीगढ़ से ग्राफिक डिजाइनिंग में स्नातक। वर्तमान में बैंगलुरु में एक ग्राफिक कंपनी में प्रोडक्ट डेवेलॉपर के रूप में कार्यरत।

श्रुतकृति सिंह : हमारे घर की बड़ी बहु। अपूर्व की जीवनसाथी। सिया की मम्मी। एन आई टी दुर्गापुर से कम्प्यूटर साइंस इंजीनियरिंग ग्रेजुएट।

पटना निवासी अधिवक्ता स्व. सतीश बाबू और बनारस यूनिवर्सिटी की सेवानिवृत प्रोफेसर श्रीमती आशा सिंह की सुपुत्री।

वर्तमान में अपूर्व और सिया के साथ अमेरिका के सिएटल में निवास और अमेरिकी बैंक "कैपिटल वन" में कार्यरत।

सिया : हमारे घर की प्रथम पोती। अपूर्व-श्रुतकृति की बिटिया।

सिया अमेरिका के सिएटल में जन्म होने के कारण अमेरिकन, पर हमारे घर के लिए - वन्दे भारत।

नौ महीने की इस "नॉन रेजिडेंट इंडियन" को मैं "सिएटली" भी कहता हूँ।

संजू सिंह : छोटा भाई ललन सिंह की धर्मपत्नी। मेरी मैडम इला सिंह की देवरानी।

अपूर्व और वतन की मम्मी। मायका - वैशाली जिला के महनार रेलवे स्टेशन के पास रामपुर। श्रीलंका शांति सेना ऑपरेशन में शहीद सूबेदार कृषमोहन सिंह की पुत्री।

ललित सिंह : घर का नाम ललन सिंह। मेरा छोटा भाई। अपूर्व और वतन का पापा। छोटी दुल्हिन संजू सिंह के जीवनसाथी।

वर्तमान में पटना में बैंक ऑफ इंडिया के अशोक राजपथ शाखा में ऑपरेशन मैनेजर के पद पर कार्यरत।

इला सिंह : दूल्हा यशस्वी की ग्रेट मम्मी। मेरी बेटर-हाफ। पम्मी नाम से भी लोकप्रिय।

मगध यूनिवर्सिटी से पॉलिटिकल साइंस में स्नातकोत्तर डिग्री प्राप्त।

बेटा का बचपन साथ-साथ जीने की इक्छा में जॉब के लिए कभी कोशिश नहीं कीं।

पटना में जन्म, पटना की पली-बढ़ीं। पर "पटनाइट" बिलकुल नहीं।

पहली बार मिलने वाले भ्रम में रहते हैं कि ये पंजाबी हैं, या हरयाणवी, या गुजराती, या मुम्बईकर।

ट्रैन यात्रा में मुझे कई बार सुनना पड़ता है, जब कोई सहयात्री इनसे पूछती हैं - "आप कहाँ जॉब करती हैं ?"

और आखिरी में - मैं पवन सिंह, दूल्हा - यशस्वी का पापा, बस।

मेरे गाँव बमौरा से आने वालों में - गजेंद्र, कमलेन्द्र, जर्मन, या आदरणीय संजय/विजय पंडीजी, नाई रामाश्रय, ब्रीजा चालक सन्नी - मेरे विशिष्ट श्रेणी के अतिथि होंगे।

अबतक आपने यशस्वी की बारात में आने वाले सभी मेहमानों से परिचय ले लिया है।

राँची के इस "शुभ राजश्री रिसोर्ट" में 29 अप्रैल, 2026 की सुबह का हल्दी कार्यक्रम, मेहंदी-संगीत की रंगारंग शाम और अगली शाम यशस्वी-शिवानी की शुभ विवाहोत्सव का बारात स्वागत - आप सबों का बेसब्री से इंतजार कर रहा है।

आप सबों को इस उत्सव में उल्लासित, उमंगित पाकर हमारा पूरा परिवार आप सभी का ह्रदय से आभारी रहेगा।

यहाँ मुझे काफी पहले टी वी पर आने वाले एक मशहूर विज्ञापन की याद आ गई। आप भी याद कीजिये --

लड़की के घर में शादी का माहौल है। घर के लोग बारात के स्वागत की तैयारी में व्यस्त हैं। एक रिश्तेदार लड़की के पिताजी से पूछते हैं - "बारात के स्वागत की क्या तैयारी है ?"

लड़की के पिताजी आत्मविश्वास से कहते हैं - "बारात का स्वागत पान पराग से होगा।"

अब मेरे समधी साहब मनोज बाबू का "पान पराग" क्या है ? ये तो 30 अप्रैल, 2026 को ही पता चलना है।

तो स्वागत है - - शुभ राजश्री रिसोर्ट, राँची।

****

11

सर्वमंगल मांगल्ये शिवे सर्वार्थ साधिके। शरण्ये त्र्यम्बके गौरी नारायणि नमोऽस्तु ते॥

YASHASWI की SHIVANI

30 अप्रैल 2026, दिन गुरुवार।

झारखण्ड प्रदेश की राजधानी राँची शहर के कोलाहल से दूर भूखंड - रातू रोड। पठार पर बसी छोटी-छोटी पहाड़ियों के मध्य में अवस्थित एक बहुत ही सौम्य, शांत और सुंदर डेस्टिनेशन - "शुभ राजश्री रिसोर्ट।"

यशस्वी और शिवानी की शादी का डेस्टिनेशन वेडिंग स्थल।

भगवान शिव और जगत-जननी माँ पार्वती ने तय किया है आज का दिन - यशस्वी और शिवानी के दांपत्य-सूत्र में बंधने का दिन।

आज इस शुभ अवसर पर मेरे लिए यह बड़े ही सौभाग्य का क्षण होगा, जब यह पुस्तक - **"इसको क्यों नहीं भेजे पापा ?"** का विमोचन आज ही के दिन हो पाएगा।

आज से चार महीने पहले दिसंबर 2025 में, भले ही मेरे मन की ये इच्छा थी कि ये रचना 30 अप्रैल, 2026 को ही आपके लिए उपलब्ध हो सके, पर मैं ये दावा करता हूँ कि मुझे स्वयं में भी विश्वास नहीं हो रहा है कि ये संभव कैसे हो गया !

मैं मानता हूँ कि इसमें भी केवल भगवान शिव और जगत-जननी माँ पार्वती का आशीर्वाद ही है, जो इसे संभव कर दिखाया।

ढोल-नगाड़े बज रहे हैं। बाराती नाचते-गाते आ रहे हैं।

मैं क्या करूँगा ? मैं दूल्हे का पापा - क्या नाचूं ? क्या गाऊं ? आज तो बाकि सब नाचें, सब गाएँ - मैं तो बस देखूँ।

मैं नाचूंगा तो देखूंगा कब ? बेटे की मम्मी को नाचते ! उसके भाई को नाचते ! उसके दोस्तों को नाचते !

प्रोफेसर साहब, मनोज बाबू, चुन्नू बाबू मुख्य द्वार पर अगली कतार में खड़े दिखेंगे, हाथ में फूलों की माला लिए - प्रतीक्षारत।

अगली कतार में तो सूरज बाबू और बबलू बाबू भी होंगे, पर मनोज बाबू के ये दोनों साढ़ू भाई बड़े समधी साहब ललन बाबू, चंद्रशेखर बाबू और मुन्ना बाबू को आगे की कतार में लाने की कोशिश में लगे होंगे।

"**इसको क्यों नहीं भेजे पापा**" की कहानी अपने ग्यारहवें और आखिरी अध्याय में पहुँच गई है। ये यशस्वी-शिवानी के शुभ विवाह का दिन है। शानु-संतुर के शुभ पाणिग्रहण संस्कार का दिन है।

इस समय क्या कहूं जो सार्थक हो, सजीव हो ?

आइए ! एक रस्म करते हैं।

जैसे शादी के कई पवित्र रस्म में एक ऐसा भी होता है, जब नाते-रिश्तेदार की अन्य सुहागन महिलाएँ दूल्हा-दुल्हन को चुमाने का रस्म करतीं हैं।

तो उसी प्रतिरूप में, मैं पाँच सुहागन की डेस्टिनेशन वेडिंग की कहानी याद करता हूँ - पाँच चुमावन रस्म की तरह।

इस क्रम में सबसे पहले मैं आपको अपनी पहली डेस्टिनेशन वेडिंग की कहानी सुनाता हूँ।

वास्तव में वह केवल मेरा ही पहला डेस्टिनेशन वेडिंग नहीं, बल्कि बेटा यशस्वी, मम्मी इला सिंह और पापा पवन सिंह - हम तीनों का पहला डेस्टिनेशन वेडिंग अनुभव था।

वर्ष 2009 में फरवरी का महीना था। डेस्टिनेशन वेडिंग लोकेशन था - कोलकाता का "स्वामीजी स्पोर्टिंग क्लब।" शादी थी - बबली और विक्की की।

वही बबली - हमारे रेलवे वाले मित्र रामबाबू जी की बिटिया।

पम्मी, बेटा और मैं - हम तीनों इस डेस्टिनेशन वेडिंग में शामिल होने के लिए निमंत्रित थे।

पम्मी और मैं उस परिसर की फूलों की सजावट में खो से गए थे। मन में जो बात बस गई, वह ये थी कि उस शादी में भीड़ का कोलाहल नहीं था।

शांत वातावरण में फूलों की सजावट के बीच शहनाई की मधुर आवाज पूरे माहौल में पवित्र प्यार की खुशबू महका रही थी।

बारात लगने के समय ढोल-नगाड़े हुए, पटाखे भी गूँजे, लोग नाचे भी, पर शादी के रश्म के समय सभी लोग मंडप के चारों ओर बैठे, हर रश्म को होते हुए देखे।

उसी रात मैंने पम्मी से कहा था - "शानु-सुंतुर की भी शादी हमलोग डेस्टिनेशन वेडिंग ही करेंगे।"

पम्मी स्वर से भी "हाँ" बोली और अपनी आँखों की चमकती हुई मुस्कराहट से भी।

बेटा यशस्वी को उस समय की ये बात शायद ठीक से याद हो या नहीं, पर उसने भी बोला था - "हाँ पापाजी।"

इसके बाद दूसरा डेस्टिनेशन वेडिंग आया - वर्ष 2022 के दिसंबर माह में, जब हम तीनों पुनः एक बहुत ही विशिष्ट शादी में शामिल थे।

वह दूसरा डेस्टिनेशन वेडिंग था - मेरे घर का सबसे बड़ा बेटा अपूर्व और बड़ी बहु श्रुतकृति की शुभ शादी का।

डेस्टिनेशन वेडिंग का लोकेशन था - ऐतिहासिक शहर उदयपुर का प्रसिद्ध "होटल हिलटॉप पैलेस।"

मनमोहक फतेहसागर झील के ऊपर एक पहाड़ी पर बने इस आकर्षक होटल के रमणीय ऊपरी छत पर, सूरज की विदा लेती किरणों के बीच - दूर पार्श्वभूमि में सुरम्य अरावली की हरित और विशाल पहाड़ियों की श्रृंखला - और इन सबके बीच हमारे गणमान्य अतिथियों की गरिमामय उपस्थिति में, जब अपूर्व-श्रुतकृति एक-दूसरे को वरमाला पहनाकर अपने पाणिग्रहण संस्कार के पावन आयोजन की आधारशिला रख रहे थे - तो एक पल के लिए ऐसा लग रहा था कि आकाश में देवगण आकर अपना आशीर्वाद उन दोनों को भेंट कर रहे हों।

डेस्टिनेशन वेडिंग स्टोरी के अगले क्रम में, अब मैं अपने तीसरे डेस्टिनेशन वेडिंग की कहानी को याद करता हूँ।

इस बार बारी है - मेरी भांजी और मेरी छोटी बहन शीला की छोटी बेटी मनीषा और हर्ष की डेस्टिनेशन वेडिंग की, जब हम तीनों - मम्मी, पापा और बेटा यशस्वी, एक बार फिर से अपने तीसरे डेस्टिनेशन वेडिंग में एक साथ उपस्थित थे।

इस बार का डेस्टिनेशन वेडिंग लोकेशन था - ऋषिकेश की पहाड़ियों में बसा "होटल नटराज।" आयोजन समय था- वर्ष 2026 का फरवरी महीना।

उत्तराखंड में माँ गंगा के प्रारंभिक उद्गम-पथ पर बसा ऋषिकेश का पवित्र स्थल - जहाँ से होकर ही भगवान शिव का निवास - कैलाश पर्वत का रास्ता जाता

हो, उस स्थल की पवित्रता की क्या ही कहने ?

कितने भाग्यशाली होंगे वे लोग, जिनको मनीषा के इस डेस्टिनेशन वेडिंग के विदाई उपहार में, गंगोत्री से चलती हुई भागीरथी नदी के देवप्रयाग में अलखनंदा नदी से संगम के बाद - माँ गंगा बनकर ऋषिकेश में प्रवेश करती हुई निर्मल धारा का स्पर्श आशीर्वाद प्राप्त हुआ।

अगली बारी है - हमारे चौथे डेस्टिनेशन वेडिंग को याद करने की।

चौथा तो यही है - 30 अप्रैल, 2026 का। शुभ राजश्री रिसोर्ट - राँची।

पर क्या सच में, हमारे अब तक के जीवन में केवल तीन और आज का ये चौथा डेस्टिनेशन वेडिंग ही है ?

क्या कहीं और हुआ नहीं - या हम जा नहीं पाए ? मैंने तो फिर से दिमाग पर जोड़ देकर याद कर लिया - हुआ ही नहीं।

तो क्या डेस्टिनेशन वेडिंग की इस चौथी कहानी को हम चौथी चुमावन रस्म मान लें ?

अब कोई है ही नहीं - तो चौथी चुमावन के लिए आज की इस डेस्टिनेशन वेडिंग स्टोरी को तो लेना ही होगा।

वैसे भी तीन पर तो छोड़ भी नहीं सकते। बाद में स्टोरी पढ़ने के बाद सुहागन महिलाएं कहती फिरेंगी - "आपको डेस्टिनेशन वेडिंग स्टोरी सुनाना ही था - तो तीन पर छोड़ क्यों दिए ?" चौथा नहीं था, तो दो पर ही रुक जाते !"

तो चलिए ! चौथी चुमावन के लिए आज की वेडिंग स्टोरी - हमारा चौथा डेस्टिनेशन वेडिंग, जिसमें हम तीनों एक साथ उपस्थित होंगे। सुनिए कहानी -

शुभ राजश्री रिसोर्ट राँची की इस डेस्टिनेशन वेडिंग स्टोरी तो पूरी की पूरी ऑनलाइन उपलब्ध है, एक पुस्तक के रूप में - **"इसको क्यों नहीं भेजे पापा ?"**

ऐसा कब हुआ होगा - जब किसी शादी के शुभ दिवस पर, उस शादी की पूरी स्टोरी का एक पुस्तक के रूप में, ठीक शादी के ही दिन वेडिंग सेंटर पर विमोचन किया गया हो ?

और ऐसा कब हुआ होगा, कि ये कहानी बेटे के "पापा दि ग्रेट" ने लिखी हो ?

वैसे तो यशस्वी-शिवानी की वेडिंग स्टोरी 30 अप्रैल, 2026 की शुभ-विवाह उत्सव के बाद भी अगले कई दिनों तक जारी रहेगी।

01 मई, 2026 को बमौरा के "यशोदा-नरेश" आवास में "दूल्हा-दुल्हन परीक्षण" उत्सव, 03 मई को "चौठारी", 04 मई को दुल्हन का "रसोई-रस्म" निर्धारित है।

05 मई को "नंदन टावर" के हमारे पटना आवास होते हुए और यशस्वी के नानाजी से उनके शिवपुरी स्थित "लक्ष्मी निवास" आवास पर दूल्हा-दुल्हन द्वारा

नानाजी-नानीजी का आशीर्वाद प्राप्त करते हुए उसी शाम दूल्हा-दुल्हन को ग्रेटर नोएडा वेस्ट के "चेरी काउंटी" वाले अपने अस्थाई आवास के लिए तेजस राजधानी से दिल्ली के लिए प्रस्थान होना है।

पूज्य श्री खाटू श्याम जी महाराज के पावन दर्शन, एक सप्ताह के वियतनाम प्रवास और चेरी काउंटी में कुछ दिनों के अल्प ठहराव के बाद - मुंबई राजधानी एक्सप्रेस ट्रेन से दिल्ली से चलकर, नाशिक के रास्ते संगमनेर के अपने वर्तमान आवास "एस एम बी टी सह्याद्रि सोसाइटी" के फ्लैट, ए - 303 में, जब यशस्वी और शिवानी 18 मई, 2026 की सुबह अपने कदम रखेंगे_

तो यशस्वी-शिवानी की वेडिंग स्टोरी की यात्रा उसी घर में पूर्ण होगी, जहाँ से लगभग एक साल पहले जीवनसाथी ऐप के एक प्रोफाइल फोटो पर यशस्वी के **"इसको क्यों नहीं भेजे पापा ?"** के सवाल से शुरू हुई थी।

तो बात हो रही थी - हमारी चौथी डेस्टिनेशन वेडिंग के चुमावन रश्म की कहानी। कहानी में आगे बढ़ते हैं -

किसकी शिवानी ? किसका शानु ?

नानी की शिवानी या पापा की शिवानी ?

मम्मी का शानु या पापाजी का शानु ?

या फिर रिश्ते-नातेदारों-दोस्तों के शानु-शिवानी ?

शिवानी की मम्मीजी की शिवानी या शिवानी की नानीजी की शिवानी ?

एक शानु है, एक शिवानी है। फिर किस-किसके मन से शानु-शिवानी की शादी हो ?

वर्ष 2023 में यशस्वी के सेंट्रल बैंक पी ओ में आने के बाद, चार मैट्रिमोनियल वेबसाइट पर दो साल बाद तक भी, जब हमारी संुतुर नहीं मिलती है_

और तब एक दिन, **"इसको क्यों नहीं भेजे पापा ?"** के सवाल और इसके ढूंढ़ते उत्तर के बाद, शुभ राजश्री रिसोर्ट में 30 अप्रैल, 2026 की शाम अपने लग्न-मंडप में, यशस्वी और शिवानी एक-दूसरे की जीवनसाथी बनने के लिए एक-दूसरे के सामने खड़े हैं_

तो हमें मान लेना चाहिए कि किसी और की शिवानी नहीं, किसी और का यशस्वी नहीं।

बस - यशस्वी की शिवानी और शिवानी का यशस्वी।

मम्मी-पापा ने यशस्वी नाम रखा था - जिसे दोस्तों ने यश बना दिया। YASHASWI के पहले दो अक्षर YA और SHIVANI के पहले दो अक्षर SH मिलकर फिर से YASH ऐसे ही नहीं हो जाते हैं।

सत्य तो ये है कि इस लोक में शादियाँ - चाहे वह आपकी हो, मेरी हो, हमारे प्यारे बच्चों की हो, किसी की भी हो - ये तो केवल और केवल शिव-शक्ति की महिमा से ही होती आ रही है।

"अपने दिल से जानिए, पराये दिल का हाल" - ये शाश्वत सत्य है।

मेरा दिल प्रफुल्लित है, तो यहाँ उपस्थित हमारे सभी अतिथिगण, जो यहाँ होने वाले एक-एक रीति-रश्म के साक्षी हैं, का भी दिल प्रफुल्लित है।

राँची के इस डेस्टिनेशन वेडिंग की मधुरतम समापन के बाद हमारे अतिथिगण जब अपने घर को लौटेंगे - तो वे यहाँ से लम्बे समय तक साथ रहने वाली अविस्मरणीय स्मृतियाँ साथ लेकर लौटेंगे।

कैसी लगी - हमारे चौथे डेस्टिनेशन वेडिंग को याद करने की कहानी ? बताइयेगा जरूर।

अच्छा ! मैंने तो पाँच सुहागन की डेस्टिनेशन वेडिंग की कहानी सुनाने की बात किया था - पाँच चुमावन रस्म की तरह।

पर, हमारी चौथी डेस्टिनेशन वेडिंग जब 30 अप्रैल, 2026 को ही है, तो पाँचवीं कहाँ ? कहीं कोई पहले का भूल तो नहीं गया ?

एक बार और याद कर लेने की कोशिश में, मेरी आँखें शून्य में ठहर जाती हैं।

मन की गहराई में भगवन शिव से साक्षात्कार हुआ। भोलेनाथ ने कहा - "पुत्र ! आँखें बंद करो। अपने अंतःकरण में झांको और फिर आंखें खोलकर सामने देखो।"

मैंने आज्ञा का पालन किया - अपनी दोनों आंखें बंद कर अपने अंतःकरण में ध्यान किया, फिर आंखें खोला।

सामने - राँची का सुंदर, सौम्य "शुभ राजश्री रिसोर्ट"।

लॉन के मध्य में फूलों के हार से सजा एक बहुत ही रमणीय शादी-मंडप। यशस्वी-शिवानी पवित्र अग्नि के सात फेरे लेने को उत्सुक हैं।

शिवानी की मांग सिंदूर से सजी है। यशस्वी के माथे पर लाल-पीली मौड़ी की लड़ियाँ लटक रही हैं।

पीली धोती और लाल चुनरी के गठबंधन से यशस्वी-शिवानी बंधे हुए हैं।

मैं भी मंडप की तरफ धीरे-धीरे बढ़ता हुआ मंडप के एक छोर पर खड़ा हो गया हूँ। पास में मेरी अर्धांगिनी इला भी दिख गई है। उसने मुस्कुराते हुए धीरे से मेरा हाथ अपने हाथ में थाम लिया है।

इला और मेरी नजरें यशस्वी-शिवानी से मिलती हैं। दोनों ही हमें देखकर मुस्कुराने लगते हैं। कितनी प्यारी लगती हैं - दोनों की मुस्कुराहटें !

सात-फेरे शुरू हो चुके हैं। पंडित जी के मन्त्रों की ओजस्वी आवाज पंडाल में पवित्रता का रस घोल रही है।

तभी मेरी आँखें चौंधिया सी जाती हैं। मंडप के दूसरी तरफ मेरे सामने साक्षात् भगवान शिव अपनी शिवा - जगत जननी जगदम्बा के साथ प्रकट नजर आते हैं। दोनों अपने हाथों में लाल पुष्प-गुच्छ लिए हैं।

आराध्य देव और देवी जगदम्बा प्रज्वलित पवित्र अग्नि के चारों ओर परिक्रमा करते यशस्वी-शिवानी के ऊपर पुष्प-पंखुड़ियों की आशीष-वर्षा कर रहे हैं।

तभी मुझे भगवन भोलेनाथ के श्रीमुख से पावन श्लोक की अलौकिक ध्वनि सुनाई देने लगी है।

हे ईश्वर ! ये तो आप हैं - भगवान शिव भोलेनाथ ! आप खुद ही अपने श्रीमुख से पावन श्लोक का पाठ कर रहे हैं - माँ जगदम्बा को प्रसन्न करने का पाठ __ __

"सर्वमंगल मांगल्ये शिवे सर्वार्थ साधिके।"
"शरण्ये त्र्यम्बके गौरी नारायणि नमोऽस्तु ते॥"

भगवान भोलेनाथ के मुख से निकलने वाली अलौकिक ध्वनि अब तीव्र होने लगी है और ब्रह्माण्ड से आती हुई प्रतीत हो रही है।

मैं अपनी अर्धांगिनी इला की ओर विस्मय भरी निगाहों से देखता हूँ। मैं मन ही मन उससे पूछता हूँ - "पम्मी ! क्या तुम भी वही देख रही हो ? क्या तुम भी वही सुन रही हो ?"

पम्मी के चेहरे पर दिव्य प्रभा आलोकित है - असीम खुशियाँ झलक रही हैं - आँखें सहमति में मुस्कुराती हुई "हाँ" बोल रही हैं।

फूल और अक्षत तो मेरे और पम्मी के हाथों में भी हैं। पर, हमारे हाथ तो जैसे बंध से गए हैं।

माँ गौरी अपनी सुंदर करुणामयी नयनों से हमारे हाथों में बंधे फूल-अक्षत की ओर इशारे करती हुईं हमें जैसे कह रही हों - "अपनी सुंतुर-शानु को पुष्प-अक्षत से आशीर्वाद की भेंट दो वत्स !"

हमारी आँखें ब्रह्माण्ड की अपरिमेय दिव्य-युगल पर ही टिकी हैं। हमारे हाथों के फूल-अक्षत की आशीर्वाद-भेंट हमारे दोनों बच्चों के माथे पर बिखरने लगी हैं।

शुभ राजश्री रिसोर्ट में यशस्वी-शिवानी के इस दिव्य मंडप में ब्रह्माण्ड की ओर से आती हुई पावन श्लोक की गूँज अभी तक सुनाई दे रही है __ __ __ __ __

"सर्वमंगल मांगल्ये शिवे सर्वार्थ साधिके।"
"शरण्ये त्र्यम्बके गौरी नारायणि नमोऽस्तु ते॥"

****

शुभ विदाई

यशस्वी-शिवानी विवाह के पवित्र बंधन में बंध चुके हैं।

देवता विदा ले रहे हैं। हमारे सभी सम्मानित स्वजन, मित्र विदाई ले रहे हैं।

अगली सुबह दोनों नव-युगल गृह आगमन एवं कुलदेवी दर्शन के लिए "यशोदा-नरेश" आवास, बमौरा प्रस्थान कर रहे हैं।

"इसको क्यों नहीं भेजे पापा ?" की कहानी तीव्र गति से अब पूर्णता को प्राप्त कर रही है।

मन अलौकिक प्रकाश की आभा से आलोकित है।

एक शांत, स्थिर मन के लिए, आइये ! एक कविता सुनते हैं, जो इस कहानी को लिखते हुए मेरे दिल से निकली थी - **"क्या तुम्हें याद है ?"**

जो मुझे याद है,
क्या तुम्हें याद है?
वो शाम ढ़ल रही थी,
चाँद तब निकल रही थी,
खड़ा था छत के ऊपर,
नजर थी खिड़कियों पर,
नहीं पता — तुम कब निकलो,
क्या पता तुम कभी न निकलो,
देखा बस तुम निकल गई थी,
और नजरों से हाँ हो गई थी।
ये मुझे याद है,
क्या तुम्हें याद है ?

****
****

एक विशेष आभार -

मेरी पम्मी को *- जिन्होंने इस पूरी कहानी के लिखने के बीच कभी कोई पृष्ठ या अनुच्छेद पढ़ा नहीं, पर उठते - बैठते - सुनते जब भी इनके कानों में हिंदी के कुछ शब्दों की वर्तनी या हिज्जे की चूक नजर आई, तो तुरन्त ही उस चूक को पहचान कर, मुझे उस गलती को सुधारने का स्वर्णिम अवसर दीं, जिससे इस पुस्तक की गुणवत्ता शानदार हो सकी।*

कभी ऐसा भी हुआ कि - "ये लाइन पूरा हटाइये" और बाद में मुझे लगा भी - "अच्छा हुआ जो वह लाइन हट गया।"

इसके अलावे - दिन, तिथि और घटनाओं का क्रम याद रखने की इनकी विशेष गुण से मुझे कहानी के कई बिखरे सिरे को उचित स्थान पर रखने में अतुलनीय मदद मिली, जिससे कहानी की गतिशीलता बरकरार रह पाई।

थैंक यू पम्मी। आई लव यू।

एक अंतिम आभार -

पापा दि ग्रेट को - इस कहानी का पहला श्रोता। कहानी के हर उलटते पन्नों में बुने शब्दों के बीच तैरती भावनाओं की आवाज को सुनता आ रहा हूँ और बोला हूँ - "क्या खूब लिखे तुम - पापा दि ग्रेट !"

सबको प्रणाम।

****

****

****

www.ingramcontent.com/pod-product-compliance
Lightning Source LLC
LaVergne TN
LVHW090328210926
848480LV00004B/1329